SENDA HACIA LA SERENIDAD
MAHAMUDRA

Texto Raíz y Autocomentario por
**Panchen Lama
Losang Choky Gyaltsen**

Traducido del tibetano por
Lotsawa Thubten Sherab Sherpa

Ediciones Amara. Ciutadella de Menorca

Título original: *SENDA HACIA LA SERENIDAD / MAHAMUDRA*

2017 Ediciones Amara. Ciutadella de Menorca

Publicado por vez primera por Ediciones Amara en 2017

2007 © Traducción del texto raíz y autocomentario:
    Thubten Sherab Sherpa
2017 © *Notas para una major comprensión del texto*: Isidro Gordi
2017 © Por Ediciones Amara
2017 © de la traducción: Fernando Hernández y Celia Gómez
2017 © Coordinador de la traducción: Isidro Gordi

Diseño de la portada: © Federica Mahieu
Impreso en España / Printed in Spain

ISBN de la obra: 978-84-95094-58-2
Depósito legal: ME 4:2017

TIRO Y RETIRO

Contenido

Introducción del traductor

Senda hacia la serenidad / Mahamudra, contiene dos importantes textos tibetanos: *El Texto Raíz del Mahamudra* por el Primer Panchen Lama, Losang Choky Gyaltsen (1570-1662) y el *Autocomentario* por Él mismo. Completé las traducciones al final del Master Program de siete años en el Instituto Lama Tsongkapa, en la Toscana en Italia, (1998-2004), organizado por la FPMT (Fundación para la Preservación de la Tradición Mahayana) bajo la guía del muy venerable Lama Zopa Rimpoché.

Me considero muy afortunado de haber prestado mi servicio como traductor para ese programa tan intenso y comprometido. Me siento muy contento de que el Maestro del Programa, Gueshe Jampa Gyatso, me eligiera como su traductor durante todo el programa. Fue un gran momento en el que compartir la vida y la energía con muchas personas de diferentes países. El programa abordaba tanto aspectos del sutra como aspectos del tantra, y el Mahamudra fue un tema complementario escogido al final. Por supuesto el texto en sí del Mahamudra de Panchen Lama Losang Choky Gyaltsen consta tanto del Mahamudra del sutra como del Mahamudra del tantra, pero dado que el Mahamudra del tantra es más breve en palabras, Panchen Lama lo presenta en primer lugar y el Mahamudra del sutra después.

El Mahamudra, el Gran Sello de la Realidad, es el tema favorito de discusión en la tradición kagyu y no es necesario decir mucho al respecto dado que es el tema principal que se explica en este libro. Además debería señalar que cada una de las cuatro tradiciones principales del budismo tibetano tiene su propia particularidad. La tradición nyingma se centra en el Dzogchen, la Gran Consumación; la kagyu en el Mahamudra, el Gran Sello de la Realidad; la tradición sakya en la Ausencia de Aprehensión en la Claridad; y finalmente la tradición Gelug en la vacuidad.

A nivel último esas cuatro diferentes particularidades son equivalentes. Aún así te recomiendo que, si puedes, experimentes el sabor de estos cuatro diferentes aspectos de las enseñanzas de Maestros cualificados de sus respectivas tradiciones y luego, al final, elijas sólo una para meditar en ella durante toda la vida. Por ejemplo, si eres alguien aficionado al esquí y que habitualmente va a una estación de esquí específica en una montaña, tendrás que ir un día u otro a un restaurante a almorzar. Imagina ahora que hay cuatro restaurantes; restaurante A, restaurante B, restaurante C, y restaurante D. Por supuesto, en realidad, podría haber solo dos restaurantes o también podría haber diez de ellos. En este caso imaginamos que hay exactamente cuatro, ya que estamos hablando de las cuatro tradiciones del budismo tibetano. Imagina también que los cuatro jefes de cocina de los cuatro restaurantes han ido a su vez al mismo sitio a aprender a cocinar. Además ponte en el caso que tú sueles ir a comer al restaurante. Así que, como vas a menudo a esquiar a esa montaña para disfrutar y divertirte, necesitas confiar en el método, que es almorzar en uno de los cuatro restaurantes. En este ejemplo, el almuerzo es el método y el placer de esquiar es el objetivo.

Podrías almorzar siempre en el restaurante A o elegir uno de ellos y luego irte a esquiar. Pero antes de elegir cualquiera de ellos, te informarías a través de algún amigo. Lo ideal sería probar la comida de cada uno de ellos para después hacerte cliente de uno de ellos según te convenga. Pero cuando eliges uno, digamos el restaurante C, no significa que los restaurantes A, B y D sean malos, se trata simplemente de una elección individual por diversas razones personales. Del mismo modo se podría tener una idea parecida en cuanto a las cuatro tradiciones. La única diferencia es que estamos hablando de una felicidad temporal en el caso de los restaurantes, y de una felicidad última en el caso que nos ocupa –las cuatro tradiciones.

De hecho, hay otra religión en el Tíbet llamada "bonpo" que es incluso anterior a la tradición nyingma. Si era algo que ya existía anteriormente no podemos ignorarla. Yo, Lotsawa Sherab, no he aprendido en profundidad mucho de ella, por lo que no puedo decir mucho al respecto. Si alguien quiere aprender más sobre ella puede obtener información de los sostenedores actuales de dicho linaje.

Yo mismo en un principio era seguidor de la tradición nyingma porque mi padre era un lama laico local de la tradición nyingma, lo que significa que siendo cabeza de familia podía realizar diferentes actividades rituales en casa o en otros hogares. Y un día mi padre decidió que tanto yo como mis hermanos nos hiciéramos monjes. Así que nos fuimos al monasterio guelug del Lama de Lawudo, cuyo verdadero nombre es Lama Thubten Zopa Rimpoché (uno de los fundadores de la FPMT), que construyó un segundo monasterio, comúnmente conocido como el Monasterio de Kopan, donde muchos monjes, incluido yo mismo y mi segundo, tercero y cuarto hermano, recibimos educación.

Yo tenía una inclinación natural a aprender idiomas y a traducir, tanto oralmente como por escrito, lo cual me abrió las puertas para conectar con muchos lamas diferentes. Ellos me ayudaron mucho a abrir los ojos a las diferentes tradiciones budistas y no budistas. Sin embargo, para abreviar esta introducción, diré que en el budismo tibetano como lo conocemos comúnmente hay cuatro tradiciones: la nyingma, la kagyu, la sakya y la guelug.

Es obvio que cualquiera puede alcanzar la Iluminación o Budeidad con las práctica meditativas de cada una de estas cuatro tradiciones budistas. Se puede deducir simplemente pensando en cuántos yoguis lograron la Budeidad siguiendo sus respectivas tradiciones. Alguien que entienda realmente la esencia de las ochenta y cuatro mil enseñanzas que dio el Buda, nunca verá contradicción alguna en seguir cualquiera de ellas. Yo diría que una persona con dicha comprensión y que no discrimina ninguna de las cuatro tradiciones es un practicante *rime* en su verdadero sentido. *Rime* es un término tibetano que quiere decir "ser imparcial y respetuoso hacia las cuatro tradiciones", lo que normalmente es bastante difícil.

Debe haber también una razón para que el Panchen Lama Losang Choky Gyaltsen compusiera un texto como este que es precioso para las tradiciones kagyu y guelug; quizá tú, como lector de este libro, puedas encontrar su intención como algo definitivamente grande. Su colofón dice que lo compuso debido a la petición de cierto número de personas pero en realidad fue un signo de ser un practicante *rime*.

Tanto en mi traducción del texto raíz como del auto-comentario, he tratado de añadir ayudas linguísticas para aclarar alguna idea en alguna sección. En la literatura tibetana es bastante normal que una frase o un pasaje entero estén completos sólo para aquellos que conocen el significado con anterioridad. Algunas veces el sentido está tan escondido que incluso un lama o gueshe versado no puede dilucidar el significado directamente. Lleva tiempo descifrar el significado. Esto significa que para alguien que no conoce el tema principal del texto quede fuera de su alcance el traducirlo, lo cual no quiere decir que no haya sujeto, verbo y objeto en una frase en las escrituras tibetanas. De hecho está todo. El único problema es que el material es muy sutil y escondido; tan sutil que en ocasiones no puedes encontrarlo, ¡asombroso! Es casi como el vacío.

He añadido también un pequeño glosario al final del libro para que se sepa el significado de ciertas palabras que he utilizado. Yo, como lotsawa o traductor, utilizo términos que ya son conocidos dentro de la terminología budista, a excepción de unos pocos términos para mantener el sentido de la palabra tibetana lo más cercano posible al original. No ha sido fácil para mí saber qué palabras incluir en el glosario y cuales no, pero he terminado colocando un número limitado de palabras.

Finalmente quiero agradecer a Gueshe Ngawang Sherab de Varanasi, Gueshe Lobsang Phende y Gueshe Jampa Gyatso por haberme aclarado ciertas dudas que les he presentado.

Lotsawa Thubten Sherab Sherpa

La Lámpara que Ilumina el Texto Raíz del Mahamudra

El Camino Principal de los Victoriosos según las preciosas tradiciones guelug y kagyu

Comentario del Primer Panchen Lama,
Losang Choky Gyaltsen

Respetuosamente me postro a los pies del Venerable Gurú, Rey en tres maneras, despliegue de la sublime sabiduría de los incontables Budas, que viste ropas azafrán y danza. Voy a explicar a continuación el significado esencial del océano del Sutra y del Tantra, la esencia de las sagradas mentes de los Victoriosos de los tres tiempos, una senda por la que todos los nobles eruditos y adeptos han pasado. Este es el comentario que ilumina y clarifica el gran sello, el Mahamudra.

Para desarrollar la instrucción del Mahamudra según la tradición de los seres santos, eruditos y adeptos, me apoyaré en los encabezamientos siguientes:

La composición. (pág. 14)
La explicación de la instrucción. (pág. 15)
La dedicación de la virtud. (pág. 85)

La composición

Para adoptar el comportamiento que también es común a otros seres santos, me postro ante un objeto especial, y me comprometo a componer este comentario según las líneas siguientes del texto raíz:

Namo Mahamudraya:

Homenaje al Mahamudra, el gran sello.

Respetuosamente me postro a los pies de mi incomparable Gurú, Señor de aquello que lo impregna todo, Maestro de los que tienen realizaciones espirituales, que expone la profunda naturaleza de todas las cosas, el gran sello, inseparable de la esfera vajra **de la mente**[1] **que está más allá de las palabras.**

Escribiré algunos consejos relativos al Mahamudra de las tradiciones guelug y kagyu, que derivan del fraternal

pionero Dharmavajra, un mahasidha[2] con auténticas y supremas realizaciones espirituales, y su hijo espiritual, que condensa la esencia de los océanos de la instrucción oral relativa al Sutra[3] y al Tantra.

Ya que el significado de estas líneas no es difícil de entender, no comento nada en particular.

La explicación de la instrucción

Esta sección consta de tres partes:

Los Preliminares

El texto raíz dice:

Para ello hay prácticas preliminares, la técnica, y la conclusión.

Los preliminares

En cuanto a la primera, para tener la puerta de entrada a las enseñanzas budistas y la viga central del mahayana, te pido que tomes refugio y generes la bodhichita.

No permitas que sean solo palabras que salen de tu boca. Puesto que ver la naturaleza real de la mente depende de la acumulación de méritos y la purificación de obstáculos mentales, repite en primer lugar el mantra de cien sílabas cien mil veces.

Y tantos cientos de postraciones como te sea posible, mientras recitas La Confesión de las Caídas. **Y luego, haz repetidas peticiones desde el corazón a tu Gurú raíz, inseparable de todos los Budas de los tres tiempos.**

Muchos de los eruditos y adeptos en la Tierra Arya como el gran Acharya Shantipa, Dharmamati de Suvarnadvipa, y el que es igual a un dios, Atisha, señalaron diferencias con respecto a la práctica del refugio puro entre alguien externo, un no budista, y alguien interno, un budista. El Venerable Sakya Pandita dijo:

Si no tienes refugio no eres un practicante de Dharma.

Es importante tomar refugio interiorizando su sentido en el propio continuo mental. Padampa Sangye dijo:

Entrega tu vida, corazón y alma a las Tres Joyas, pueblo
de Tingri, y sus bendiciones no harán más que caer sobre ti.

Del mismo modo, el protector Shantideva en el primer
capítulo del *Bodhisattvacharyavatara* dice:

Cuando aquellos débiles encadenados a la existencia
cíclica manifiestan la Mente de la Iluminación,
merecen ser llamados "Hijos de los Sugatas",
y los hombres y los dioses del mundo, los venerarán.

Y el Noble Atisha señaló:

El consejo para aquellos que desean entrar por la
puerta del camino del Dharma mahayana,
es cultivar el sol y la luna de la bodhichita
que disipa la oscuridad y alivia el dolor,
haciéndolo incluso durante eones.

El yoga tantra *Vairochanabhisambodhi* del propio Buda,
dice:

¡Señor del Secreto, Vajrapani! La sublime sabiduría
del Omnisciente tiene su raíz en la compasión.
Su causa es la bodhichita. Es la culminación del método.

La bodhichita es la puerta de entrada y la viga maestra del
sendero mahayana, en consecuencia todos los seres santos
de diferentes tradiciones cercanas a las montañas nevadas,
al principio de la práctica de cualquier enseñanza profunda
o de la meditación, llevan a cabo cuatro cosas llamadas "las
cuatro guías propicias" o preliminares:

1. Tomar refugio y generar la bodhichita.
2. Ofrecimiento del mandala.
3. Meditación de Vajrasatva.
4. Gurú Yoga.

Practica estos cuatro sin hacer diferencia alguna. En particular, el excelso aprendiz del Tantra más Elevado, el Señor de los Yoguis, Milarepa, también utilizaba este consejo diciendo:

Al principio, medita en el amor, la compasión, la mente de la Iluminación, el abandono definitivo, la ley de causa y efecto, la muerte y la impermanencia.

Solía decir lo siguiente:

Al temer las ocho faltas de ocio,
he meditado en la impermanencia y en los defectos del samsara.
He seguido seriamente el Dharma de la ley de causa y efecto.
Me he entregado totalmente al objeto de refugio,
las Tres Joyas.
Adiestrando mi continuo mental en el método,
la mente de la Iluminación
he detenido el fluido constante de tendencias y
obstáculos mentales.

Dado que he comprendido que todas las apariencias
son ilusorias ahora ya no me asustan los tres reinos inferiores.
Si no piensas cuidadosamente en la causa y el efecto
ni consideras las acciones virtuosas y no virtuosas,
los sufrimientos en los tres reinos inferiores serán insoportables.
Por lo tanto sé consciente de todos y cada uno de los
resultados y trata de reconocer sus causas respectivas.
Si no consideras los objetos de deseo como defectuosos
y si no transformas el apego hacia ellos,
no te liberarás de la prisión del samsara.
Por lo tanto, con la consciencia que lo ve todo como
ilusorio, trata de aplicar el antídoto a la verdad del origen
del sufrimiento.

Si no devolvemos la amabilidad de las seis clases de seres conscientes que transmigran, que son tu padre y tu madre, caerás en el error de desviarte hacia el vehículo menor. Así pues, con gran compasión, trata de adiestrarte en la bodhichita.

Y otras afirmaciones parecidas que se enseñan en el *Lam Rim*. Asimismo, Dagpo Rimpoché, quien renovó los dos sistemas asociados a los dos principales seguidores del Venerable Milarepa, Kachak y Chubo, dio una explicación extensa sobre *Las Cuatro Notorias Prácticas de Dagpo*:

1. Gira la mente hacia el Dharma.
2. Asegúrate el Dharma como camino.
3. Disipa los caminos erróneos.
4. Surge del error como sabiduría sublime.

Exactamente igual que en la *Práctica del Adiestramiento Mental* de los lamas kadampas. Del mismo modo, el Gran Sostenedor del Vajra Sakya, Dragpa Gyaltsen, en *Separarse de los Cuatro Apegos* dice:

1. Si estás apegado a esta vida, no eres un practicante de Dharma.
2. Si estás apegado al samsara no puedes obtener el Nirvana.
3. Si estás apegado a tu propio interés no puedes lograr la bodhichita.
4. Si tienes aferramiento no tienes una correcta visión.

Él presentó explícitamente los cuatro aspectos negativos que deben ser abandonados, y enseñó los cuatro puntos siguientes que deben ser adoptados:

1) Como antídoto al aferramiento a esta vida: adiestrarse en el camino de la persona de motivación inicial: pensar en el precioso renacimiento humano, la impermanencia, y el sufrimiento de los reinos inferiores.

2) Como antídoto al aferramiento al samsara: adiestrarse en los tres adiestramientos del camino comprendiendo que la naturaleza del samsara es el sufrimiento.

3) Como antídoto al apego a la paz y la felicidad individuales: cultivar amor, compasión y bodhichita.

4) Como antídoto al apego a la existencia intrínseca o esencial, que es la raíz del samsara: meditar en la ausencia de existencia intrínseca de la persona y los fenómenos.

Puesto que estos senderos –las cuatro prácticas– son altamente admirados por todos los eruditos y adeptos en la India y el Tíbet en sus tratados de Sutra y Tantra auténticos, uno debería integrarlos como una práctica personal sin pensar que son prácticas preliminares, aunque hayan sido enseñadas como tales.

En general, ver directamente la realidad de la propia mente, depende principalmente de reunir una enorme acumulación de méritos y de purificar faltas y obstáculos, por consiguiente uno debería implicarse en ello entre sesiones. En concreto el texto *Garvalamakara* dice:

> Al recitar el mantra de las cien sílabas siguiendo el
> ritual veintiuna veces cada día, las caídas y demás
> son purificadas, por lo que no se incrementarán.
> Esto es lo que afirman aquellos que poseen *sidhis*
> supremos. Así que tiene que ser practicado entre
> sesiones también. Si se recita cien mil veces
> uno quedará limpio completamente de ellas.

Si recitas el mantra de las cien sílabas veintiuna veces cada día, impides que aumenten tus caídas y si lo recitas cien mil veces purificas incluso las caídas raíz. Así pues, deberías implicarte en la recitación y meditación de Vajrasatva. A la vez uno debería confesar y abstenerse de nuevas faltas llevando a cabo los cuatro poderes o antídotos. Es decir, hacer cientos de postraciones junto con la oración de los *Treinta y Cinco Budas de la Confesión*, como práctica esencial, con empeño.

También se debería meditar en el sendero profundo

llamado "Práctica del Gurú" o "Gurú Yoga", considerando la triple amabilidad del Gurú Raíz:

1. Es la fuente de toda felicidad y bondad en esta vida y la próxima vida, completamente liberado Señor de todos los Victoriosos, de Sus Hijos y adeptos.
2. Tiene la misma naturaleza de todos los Budas de los tres tiempos.
3. Es la manifestación de las Tres Joyas.

Hacerle súplicas sin descanso, una y otra vez, desde nuestro corazón es esencial. En una ocasión alguien le hizo una petición insistente de una instrucción particular, sin respeto en voz alta y Atisha le respondió: "Hey, eso suena bien en mis oídos, pero realmente "instrucción" significa tener fe, mucha fe". También el dueño y señor del Dharma, el gran Sakya Pandita dijo:

Una persona que ha recibido una Iniciación
debe ver que las Tres Joyas están reunidas en el Gurú
y cuando le haga súplicas entonces recibirá bendiciones.

Padampa Sangye dijo también:

Si tu protección es el Maestro, vas a alcanzar
cualquier propósito al que aspires.
Pueblo de Tingri, cultiva la devoción como si fuera el
precio que pagas por tu viaje.

El Venerable Milarepa dejó dicho:

Cuando el Maestro, Buda, está entre vosotros,
en ocasiones podría adoptar la apariencia del Gurú.
Cuando se muestre con la apariencia del Gurú
hazle súplicas imaginándolo en tu coronilla
y medita en él en tu corazón sin olvidarlo.

La Práctica en Sí

La explicación

En cuanto al Gran Sello en sí mismo, a pesar de que hay muchos modos de acercarse al Mahamudra, hay dos cuando se divide según el Sutra y el Tantra[4].

Hay distintos modos de acercarse al Mahamudra tal y como se explicará a continuación. El Victorioso Digungpa presenta los cuatro sellos relacionando el Gran Sello con los tres vehículos, según la intención de Dogon Rimpoché. Como se muestra en las siguientes palabras:

De los cuatro aspectos del profundo mudra,
el camino del mudra que es el medio para
alcanzar las tres Iluminaciones, tiene cuatro
aspectos y son enseñados perfectamente por el
anterior Dogon.

No separarse del cuerpo, palabra y mente de un
oyente, ilustra los tres votos en el mudra de acción.
La comprensión de la ausencia de existencia
intrínseca en la persona es el mudra del Dharma.
Estar libre de aflicción es el mudra del samaya.
El nirvana sin el residuo de los agregados es el
Mahamudra.

Que las tres puertas del Bodhisatva no estén
separadas de las seis perfecciones es el mudra de acción.
La ilusión que está libre de elaboración es el

mudra del Dharma.
No estar manchado por el egoísmo
es el mudra del samaya.
La vacuidad y la compasión que tienen el mismo
sabor es el Mahamudra.

De acuerdo con el mantra secreto, tener devoción en
el mensajero es el mudra de acción.
La inseparabilidad del aire y la mente
es el mudra del Dharma.
La ausencia de degeneración es el mudra del samaya.
La experiencia de la sublime sabiduría simultánea es el
Mahamudra.

El consejo en relación al *tummo*, un camino
de liberación, es observar la rueda física mágica.
Las ramas de aire son el mudra de acción.
La producción de la sublime sabiduría gozosa
es el así llamado mudra del Dharma.
La ausencia de aferramiento es el mudra
del samaya. Ser espontáneo es el Mahamudra.

El gran Lotsawa Shonnupal de Goe en cambio definió
el Mahamudra como "la sabiduría suprema no conceptual
que comprende la vacuidad". Al principio de la historia del
Mahamudra se dice:

Ahora voy a mencionar el tema del Mahamudra que sella
todas las doctrinas de los Budas, empezando por la base, el
voto de la liberación individual, y llegando hasta la práctica
del Glorioso Guhyasamaja.

Aunque hay muchas maneras de establecer el Mahamudra,
cuando se resumen solo hay dos divisiones: la del Sutra y la
del Tantra. El Mahamudra desde el punto de vista del Sutra
se explicará después extensamente. El Mahamudra del Tantra
se abordará primero ya que se presenta en pocas palabras.

Este último, es la excelsa gozosa luz clara de la mente que se manifiesta gracias a medios hábiles tales como penetrar los puntos vitales del cuerpo vajra sutil y demás[5]. El Mahamudra de las tradiciones de Saraha, Nagarjuna, Naropa y Maitripa. Es la quintaesencia del anutarayoga tantra como se ha dicho en *Los Siete Textos de los Mahasidhas y Los Tres Volúmenes Esenciales* (Skt: Doha).

El Mahamudra se llama así [Lit. Mano, Vasto, Grande] tal y como dice *La Gota del Mahamudra*:

Mano se refiere a la sublime sabiduría de la vacuidad.
Vasto se refiere a la libertad de las cosas samsáricas.
Grande se refiere al estado de unión.

El Mahamudra del sistema del Tantra se refiere a la *luz clara del ejemplo*, que es la sublime sabiduría del gozo simultáneo, que surge después de haber recibido las cuatro iniciaciones puras, de guardar correctamente los compromisos y votos, y de haber provocado tres cosas: que los aires (skt: pranas) penetren, permanezcan y se disuelvan en el canal central. Esto ocurre cuando eres experto en las habilidades externas e internas, tales como situar el enfoque sobre el cuerpo vajra tras haber conseguido la estabilidad y la familiaridad del estado de generación.

La luz clara del significado es la sublime sabiduría que comprende la vacuidad directamente. La mente cuya naturaleza es esta misma luz clara es conocida por diversos nombres: "la Ah breve definitiva" [de la línea vertical], "la gota indestructible", "la mente incontrovertible", "la consciencia natural" y "la mente primordial".

El Mahamudra absoluto es la luz clara del gozo debido a tres cosas: los aires penetran, permanecen y se disuelven en el canal central. Esto es aceptado por los Mahasidhas de la Tierra Arya: Shrinathamahasukha o Padmavajra, el mahasiddha Saraha, Nagarjunapada, Shavareshvar, Tilopa,

Naropa, Maitripa y demás, y también los Maestros kagyu anteriores, en el Tíbet, como Marpa, Milarepa, Gampopa y Phagmo Grubpa. Es el tema principal de *Los Siete Textos de los Mahasidhas* y *Los Tres Volúmenes Esenciales*. Es como un océano que se encuentra en el Más Elevado Yoga Tantra y que indica que este es un significado esencial.

Los Siete Textos de los Mahasiddhas son los siguientes:

1) El *Guhyakasiddha* de Shrinathamahasukha, comenta principalmente la intención del tantra raíz de Guhyasamaja, dado que dice:

No hay nadie superior a Shriguhyasamaja.
Él es la única joya en todo el mundo.

Habiendo enfatizado la cualidad de Guhyasamaja, explica brevemente el estado de generación de Guhyasamaja, y específicamente el camino que es inseparable del gozo y la vacuidad del elevado nivel del estado de consumación, el significado definitivo del tantra raíz de Guhyasamaja. Este primero es considerado el más reciente comparado con los demás textos de los Mahasidhas.

2) *Tatvasidhi* por el discípulo Anangavajra.
3) *Gyanasidhi* por Indrabhuti.
4) *Addhayasidhi* por Lakshimkara.
5) *Sahajasidhi* por Dompiheruka.
6) *Mahaguhyatatvasidhi* por Darikapa.
7) *Vyaktabhavanugatatatvasidhi* por Yoginichito.

Los Tres Volúmenes Esenciales se refiere a los tres Dohas. El erudito Buton Thamche Khyenpa dijo que estos en realidad son uno, el *Mang Doha*, que es el verdadero y los otros dos son simulados.

Objeciones de algunas personas:

Entonces, la manera de presentar las "Cinco Etapas" y el Estado de Consumación del Nagarjunapada no son fehacientes, porque el Doha[1] dice:

Igual que un Brahmán desata su cordón,
un yogui debería mantener libre su consciencia.
No hay duda de que esta mente, atada y bajo nuestro
control se libera cuando es desatada.

Y

"Natural, incontrovertible y relajada…".

El *Tatvadashaka* dice:

Los santos Gurús no la analizarían.

Así pues, se explica que alguien, sin análisis, se deja ir bloqueando su propia actividad mental justo desde el principio, y se vuelve libre.

Repuesta: Es cierto que hay algo que se ha entendido erróneamente en relación a los *Siete Textos de los Mahasidhas* y a los *Tres Volúmenes Esenciales* como los mencionados anteriormente. Sin embargo, el Venerable Omnisciente, en la *Lámpara que Clarifica* dice:

------

(1) El Primer Panchen Lama clarifica una duda que algunos eruditos exponen: que la técnica del Mahamudra esbozada en los *dohas* y la de los Mahasidhas no coinciden con *Las Cinco Etapas* del estado de consumación de la Deidad Guhyasamaja según Nagarjuna. Para ellos son textos incorrectos. Pero el Panchen Lama afirma que no es así sino que los *dohas* están escritas desde la experiencia de grandes yoguis que no seguían el sistema gradual presentado por Nagarjuna.

La declaración "lo que se expone en el *Doha* y otros es
una práctica del nivel más elevado del camino del
Tantra" podría no estar de acuerdo con las palabras
de los Budas.

Por ejemplo, si explico el significado del *Doha*, dice:

Aquel que carece de compasión y se implica en la
vacuidad no ha encontrado el mejor camino.
Pero también cultivando sólo la compasión
uno permanece en samsara y no logrará Mukti.
Quien sea capaz de unir estos dos no morará nunca ni en
el samsara ni en el Nirvana.

Es decir, uno debe unir la compasión, el gran gozo simultáneo y la vacuidad, como sujeto y objeto. El mismo
texto también señala:

Cuando tienes la realización espiritual, es esto.
Nadie podría conocer otra cosa que esto.
Es la esencia de leer, memorizar y meditar.
Es la esencia de mantener el comentario en el corazón.
No existe una visión que no esté representada por esto.
Sin embargo, todo depende de la palabra de un Gurú.
Para aquel en cuyo corazón ha entrado la palabra del
Gurú, es como si viera un tesoro en la palma de su mano.
La naturaleza primordial no es vista por los inmaduros.
Al decir "los que son infantiles no son fiables" debido
al error, la flecha se ha disparado.

Cuando un yogui experimenta directamente la mente
primordial, comprende que todos los fenómenos son solo
una manifestación de ella. El mismo hecho de manifestar
la mente primordial es la experiencia de la esencia de leer,
memorizar y meditar. Este es también el propósito de mantener este comentario en el corazón. No existe una visión
que sea más elevada que la presentada aquí.

Sin embargo, experimentar directamente esa esencia por el poder de la meditación, depende por completo de la instrucción oral de los santos Gurús, quienes mantienen un linaje ininterrumpido que se remonta hasta el mismo Vajradhara. El mensaje oral de dichos Gurús, que poseen la instrucción y la experiencia, penetra el corazón de aquel que está emplazado de manera directa en la esencia de la vacuidad, y medita como si viera un tesoro en la palma de su mano.

Saraha señala que "los seres inmaduros, no ven directamente la naturaleza de la mente primordial, debido a que cometen el error de aferrarse a la existencia esencial, intrínseca", en consecuencia "los que son infantiles son traicionados" y así "la flecha se ha disparado". *El Doha* también dice:

Si fuese manifestada ¿de qué serviría la concentración?
Cuando está oculta, la oscuridad es vista.
Esta naturaleza innata no es ni algo ni no algo.

Si la mente primordial innata y natural fuera manifestada por el poder de la meditación, ¿cuál debería ser la función de la concentración analítica? Pero cuando las cosas quedan escondidas, esa oscuridad de la ignorancia es vista. El *Doha* dice:

Esta esencia ni es algo intrínsecamente existente ni
un no-algo, nihilista.
¿Qué se debe pensar de estar libre de concentración?
¿Cómo puede ser explicado un objeto indescriptible?
El mudra samsárico traiciona a todos los transmigradores.
La mente primordial y natural no es propiedad de ninguno.

El *Doha* dice además:

No hay Tantra, ni mantra, ni concentración en los que pensar.
Todo son causas que hacen equivocarse a nuestra mente.

Una mente que es pura por naturaleza no puede ser
contaminada por la absorción meditativa.
Permanecer en la felicidad no te produce agitación.
El gozo del placer de comer, beber y dormir
llenan tu ciclo diario, una y otra vez.

Con semejante práctica de Dharma el propósito de la
siguiente vida mundana se consumará.
Pisotea las cabezas de las confundidas personas mundanas.
En el universo donde ni aire ni mente se mueven,
el sol y la luna no funcionan.

¡El ignorante debería desarraigar su mente de esa morada!
¡Al disparar la flecha todos los consejos se han dado!

Si explico brevemente su significado debería decir que la
mente de la luz clara natural, primordial e innata, es conocida
como el Dharmakaya de la base. Cuando este mismo objeto
–la mente de la luz clara– se experimenta directamente por
el poder de la meditación, se vuelve libre de investigación,
análisis, expresión y descripción. Por lo tanto no hay nada
que la concentración de la investigación y el análisis pueda
hacer, y tampoco hay nada que pueda explicar. Debido a
que no es determinado por el poder de la meditación, el
mudra samsárico traiciona a todos los seres que transmigran.
A pesar de que son traicionados, ninguno de ellos despierta
ni se apropia de su mente natural y primordial porque, en
el momento de la muerte, las tres visiones junto con la luz
clara, aparecen a todos los seres conscientes de los tres reinos en general, y especialmente a aquellos nacidos del seno
materno que poseen los seis constituyentes. A pesar de que
aparecen de este modo, los seres ordinarios no son capaces
de transformarlos en el camino.

Además, la mayoría de los seres conscientes están encan-
tados de unir los dos órganos sexuales, y hablan de ello una
y otra vez, y aún así desconocen el punto esencial que es el

gran gozo. Es como dice el *Doha*:

> Aunque en todas partes la gente hable de este tema, no
> conocen a fondo el asunto del gran gozo.

Los yoguis usan la mente primordial que tiene la naturaleza del gran gozo, para mezclarlo con la vacuidad como objeto y se establecen solo en ella. Ellos no funcionan con ninguna otra elaboración, buena o mala.

En cuanto al modo de generar la experiencia espiritual de dicho Mahamudra, si alguien es experto en hacer que sus aires penetren en el canal central, adiestrándose en cada una de las etapas precedentes, tanto en la vida anterior como en la primera parte de esta vida, puede actualizar el Mahamudra de la luz clara incluso observando un objeto como una mente sin ningún pensamiento. Por lo tanto, los anteriores Maestros kagyupas llegaron a un acuerdo, denominar "el simultáneo" a tal persona. Como dice *El Texto del Alfabeto Tibetano*:

> Para una persona que tiene restos del adiestramiento
> anterior, uno debería enseñarle todo a la vez o de modo
> simultáneo.

Este punto esencial es parecido también a lo que Lama Tsongkapa dice en su *Lámpara que Clarifica:*

> Para quien está acostumbrado a hacer penetrar los aires en
> el canal central, parece ser que dichos aires se reúnen allí
> enfocando la atención en cualquier objeto de observación.
> Para todos los demás aprendices, definitivamente tienen
> que meditar en el calor interno (tib: *tummo*) y demás para
> experimentar el Mahamudra de este camino. También
> Milarepa experimentó este Gran Sello (Mahamudra)
> meditando principalmente en los seis yogas de Naropa
> según la tradición de Naropa y Marpa, en primer lugar.

Milarepa decía:

El Mahamudra es el castillo de la visión.
Los seis yogas de Naropa son el castillo de la meditación.
El profundo significado del camino es el castillo de la conducta.
El logro de los tres cuerpos espontáneos es el castillo del fruto.

Milarepa lo expresó elogiándolo en gran manera al decir: "La *ah* corta de su *tummo*"[2]. También el Señor del Dharma, Sakya Pandita, Dagger Gyaltsen, dijo lo siguiente:

Por lo que respecta al comentario conductor de los así llamados "seis yogas de Naropa" no hay ninguno así antes de Milarepa. Las cosas son de acuerdo a lo explicado.

El Venerable Gampopa dijo:

Con la meditación en el *tummo* al principio,
uno manifiesta cosas como la mente primordial.

Para meditar en el Mahamudra que se indica aquí, se deberían recibir las cuatro Iniciaciones puras y adiestrarse en los caminos comunes al estado de generación y al de consumación tal y como enfatiza el texto *Alfabeto Tibetano*:

Para un principiante en una actividad,
Las cosas deberían ser mostradas gradualmente.
Dicha persona es denominada por el término "el gradual".

La mayoría de los Mahasidhas de este vehículo han recibido la Iniciación de cada deidad del Tantra Superior y también se han implicado en el respectivo Tantra. Tal y como

---

(2) Fuego Interno. Una de las prácticas primordiales del estado de consumación en el Tantra Superior.

el Señor del Dharma, el erudito, Sakya Kunga Gyaltsen dijo:

> Naropa principalmente confirió la Iniciación y
> Enseñó el Dharma de las dos etapas.

El Venerable Milarepa dijo también:

> Si tú, que te consideras un gran oyente, lo escuchas
> hijo mío, tienes la fortuna de haberte encontrado
> con el divino Dharma.
> Te doy la Iniciación y la bendición, la puerta de
> entrada del Tantra.
> Te doy la profunda instrucción oral del Linaje Susurrado.

El hecho de que sea de este modo es ensalzado también en el texto *La Profunda Clasificación de los Tres Votos*:

> Mi Mahamudra es una sublime sabiduría que resulta
> de la Iniciación.
> Es una sublime sabiduría auto producida
> que deriva del samadhi de las dos etapas.

Así pues, no hay nada que no obedezca a la intención de todos los auténticos eruditos y adeptos.

Seguidamente formulo la promesa de presentar el Mahamudra del sistema del Sutra en detalle.

El primero se refiere a los modos de meditar en el vacío como se indica directamente en los extensos, intermedios y breves sutras de la Prajñaparamita[6].

El sumamente realizado Arya Nagarjuna dijo: "A excepción de éste, no hay otro camino a la liberación". Aquí daré la instrucción del Mahamudra de acuerdo con sus intenciones[7].

Y mencionaré la técnica de introducir la mente como fue enseñada por los Gurús que detentan el linaje[8].

De las dos técnicas de meditación en el Mahamudra, la del sistema del Sutra es como sigue: consiste en meditar en la vacuidad tal y como se presenta explícitamente en los textos raíz, extenso, intermedio y breve. Esta manera de meditar en la vacuidad es admirada y considerada la sagrada vitalidad del camino de los tres vehículos según indica el Victorioso en sus textos raíz. No hay otro camino diferente para llegar a la Liberación, tal y como indica Nagarjuna en el siguiente verso:

Está comprobado que éste es el único camino al que
los hijos de los Budas, los Realizadores Solitarios y
los Oyentes se han consagrado definitivamente.
No hay otro.

En lo que respecta al vehículo tántrico, no existe una clase diferente de visión que sea más elevada que esta, como dice el Venerable Sakya Pandita en las líneas siguientes:

En lo que respecta al vehículo de la Perfección y el
vehículo del Mantra Secreto, no hay una explicación de la
visión que sea distinta.
En el caso de que hubiera una visión que fuera más
elevada que la de la ausencia de elaboración en el
vehículo de la Perfección, esa visión sería entonces aquella
con elaboración.
Pero si fuera sin elaboración, no habría diferencia.

El significado definitivo aquí en el comentario es que el Protector Nagarjuna, predicho por el Victorioso, reabrió el sistema o la huella que dejó el anterior carro. Entre sus seguidores, el gran Atisha dijo:

¿Por quién ha sido realizada la vacuidad?
Por Nagarjuna y su discípulo Chandrakirti
quienes fueron predichos por el Victorioso

y que han visto la realidad, la verdad.
En el linaje que procede de ellos
está la Budeidad, y no en otro.

Voy a expresar con precisión la excelsa instrucción oral del Glorioso Gurú quien, habiendo recibido el comentario sobre el Mahamudra según el comentario de Chandrakirti a la intención de Nagarjuna, posee el linaje ininterrumpido de la bendición de los eruditos y seres realizados en cuanto a la técnica de introducción a la mente.

Bien entonces, ¿por qué se llama de este modo el Mahamudra? Porque el *Sutra de la Concentración Real* dice: "La naturaleza de todos los fenómenos es el mudra".

La naturaleza de todo fenómeno es la vacuidad, el sello (skt: *mudra*), y cuando se experimenta, uno se libera de todos los deterioros, por lo tanto es supremo. También se ha dicho:

El grande, supremo e ilimitado… Y demás.

A pesar de haber distintas divisiones en la doctrina del Muni, todas ellas son similares en cuanto a lograr la completa liberación. Del mismo modo, aunque hay muchas tradiciones diferentes en cuanto a la manera de presentar el Mahamudra, son similares en el modo de lograr el Estado de Unión resultante. Para que seas un experto en lo concerniente a las subdivisiones de cada una de las tradiciones de los seres santos el texto raíz señala:

Desde el punto de vista de los nombres que individualmente se les asignan hay numerosas tradiciones, como la de la acción simultánea[9], la caja del amuleto[10].
Las cinco posesiones, las seis esferas del mismo sabor, las cuatro sílabas[11], el pacificador[12], el objeto a refutar, el dzogchen, el comentario que orienta sobre la visión del

camino medio, y demás. Sin embargo, cuando un yogui versado en las escrituras y la lógica, examina meticulosamente y experimenta en meditación sus significados definitivos percibe que todos pretenden llegar al mismo punto.

El Noble Gampopa solía dirigir a sus discípulos entregándoles los seis yogas y los cinco, y su aplicación para el nacimiento simultáneo. Respecto a la aplicación del nacimiento simultáneo, hay diferentes maneras en las que la palabra "nacimiento simultáneo" se escribe. Sin embargo, el significado de la siguiente estrofa del texto de Gampopa, es que este preliminar se explica desde el contexto de las tres partes:

La mente misma que surge simultáneamente es el
Dharmakaya.
Las concepciones que surgen simultáneamente son las
olas del Dharmakaya.
La Iluminación que surge simultáneamente es la
luz del Dharmakaya.
La inseparable Iluminación y mente surgen
simultáneamente.

Las tres partes son:

1. El preliminar, que tiene las cuatro aplicaciones
   sobre la base de adoptar la creencia, el respeto y
   evitar el apego como principio.
2. La práctica, los dos aspectos de introducción.
3. Llevarlos a cabo en base a la obtención de alguna
   experiencia.

Es parecido a los otros preliminares generales. Los dos aspectos de introducción de la práctica se refieren a la instrucción de la Permanencia Apacible y la Visión Superior.

"La caja del amuleto" es un sistema de Khedrub Khyungpo, y se enseña con el propósito de alcanzar los tres siguientes:

1. Preliminar, las tres clases de natural.
2. Práctica, liberación natural de las tres faltas.
3. Resultado, el amanecer natural de los tres Kayas.

La sección de la práctica también se denomina, "reconocer al ladrón".

La directriz principal de la instrucción de Shangpa Kagyu son los seis yogas de Nigu. Los seis son:

1. *Tummo*, la piedra angular del camino.
2. El cuerpo ilusorio, la autoliberación del aferramiento y el odio.
3. El sueño, el despertar del dormir perturbado.
4. La luz clara, disipar la oscuridad de la ignorancia.
5. El *phowa*, la Budeidad sin meditación.
6. El estado intermedio, el Sambhogakaya[3] del Victorioso.

El principio de la caja del amuleto es también una técnica de meditación en la luz clara de los seis yogas.

"Las cinco posesiones" son:

1. El linaje Dagpo tiene un gran número de actividades virtuosas. Cuando Lokeshvara canta la raíz como canción, si tú no emprendes una carrera que beneficie a los demás con el caballo de la Mente de la Iluminación, no habrá ningún aplauso de los dioses ni de los humanos en el mercado.
   Por lo tanto, ¡enfatiza el preliminar de la Mente de la Iluminación!

---

(3) El Cuerpo del Deleite. Uno de los cuerpos de un ser Iluminado.

2. Si no te mantienes en un lugar estable y adecuado
   para tu cuerpo majestuoso de la deidad no tendrás
   un séquito de Dakinis.
   Por lo tanto, ¡enfatiza el generar tu cuerpo como deidad!

3. Si el sol de la fe y el respeto no se eleva sobre la
   montaña nevada de los cuatro cuerpos del Gurú,
   no puede haber una corriente de agua de bendiciones.
   Por lo tanto, ¡enfatiza esta mente de fe y respeto!

4. Cuando las masas de nubes de las conceptualizaciones
   se evaporan en el vasto espacio de la propia mente,
   las constelaciones de los dos conocimientos sublimes
   no son claras.
   Por lo tanto, ¡enfatiza esta mente que no conceptualiza!

5. En cuanto a la joya que colma los deseos de las
   dos acumulaciones si no la limpias con la oración
   no realizarás la actividad que necesitas y deseas.
   Por lo tanto, ¡enfatiza la dedicación, al final!

Los preliminares del linaje del Señor del Dharma,
Tsangpa Gyare[13] son:

1. Los ocho grandes comentarios.
2. Las seis esferas de igual sabor.
3. La recomendación de la práctica sincera en la
   montaña.

Los ocho grandes comentarios son:

1. El comentario de los tres cuerpos del Gurú.
2. El comentario del amor y la compasión.
3. El comentario de la ley de causa y efecto y la relación
   dependiente.

4. El comentario de la gota de néctar que posee los cinco.
5. El comentario de la aplicación del nacimiento simultáneo.
6. El comentario de los seis yogas de Naropa.
7. El comentario que equilibra los ocho dharmas mundanos.
8. El comentario sobre la meditación que revierte la conducta secreta.

"Las seis esferas de igual sabor" son:

1. Tomar la superstición como camino.
2. Tomar las aflicciones como camino.
3. Tomar la enfermedad como camino.
4. Tomar dioses y espíritus como camino.
5. Tomar el sufrimiento como camino.
6. Tomar la muerte como camino.

La recomendación de la práctica sincera en la montaña tiene dos grupos de ornamentos:

1. Cuatro ornamentos de Dharma profundo.
2. Tres ornamentos que son las instrucciones orales de los *Tres Volúmenes Esenciales*.

Los Cuatro ornamentos de Dharma profundo son:

1. El Dharma en la montaña; fuente de todo.
2. El secreto; el gran barco de la Iniciación.
3. La explicación oculta del cuerpo vajra.
4. El comentario conducente en el estado intermedio.

Los Tres Ornamentos son:

1. El comentario que conduce claramente; un ornamento que disipa las interferencias.

2. Un ornamento que es un anexo de los cientos de miles de canciones.
3. Un ornamento que es una pequeña colección de distintas secciones.

En cuanto a "las cuatro sílabas", la "no atención" se explica citando su término equivalente "*A-ma-na-si*" en sánscrito. Su significado se presenta de este modo aquí, en base a las cuatro sílabas:

Lo primero es encontrar la base de la mente.
Lo segundo es mostrar la técnica de emplazar la mente.
Lo tercero es localizar la mala interpretación de la mente
Cuarto es mostrar cómo llevar las cosas al camino.

El santo Dharma de Padampa Sangye que pacifica los sufrimientos son los que vienen a continuación y que Él menciona en su encuentro con el Venerable Milarepa:

Cuando este santo Dharma, el pacificador de sufrimientos
subyuga los demonios y los *yakshas* masculinos y
femeninos, una mágica rueda de disciplina yóguica será
establecida.

Cuando una enfermedad acontece en el cuerpo,
el *dharmadhatu* y la consciencia se funden en uno.

Cuando una mínima superstición surge,
deberías aplastar la aflicción.

Cuando duermes solo en la intimidad,
tu consciencia se coloca desnuda.

Cuando estás sentado entre la multitud,
observa cualquier cosa que aparezca.
Cuando la mente está adormecida, avívala con el "*phet*"
Cuando se evade, investígala en detalle.

Cuando está excitada establécela en el *dharmadhatu*.
Cuando persigue a un objeto externo
observa ese objeto simplemente como una aspiración.

Cuando ocurra un mal presagio, tómalo como buena
suerte utilizando este santo Dharma, el pacificador del
sufrimiento.
Deléitate en todo lo que sea superstición.
Deléitate además cuando venga la enfermedad.
Deléitate en cualquier incidente.

Cuando venga la muerte, inspírate en el camino.
Deléitate independientemente de cómo sea el señor de
la muerte.
Este santo Dharma, el pacificador del sufrimiento,
es el propósito de los Victoriosos de los tres tiempos.

Hay una gran variedad de nombres para denominar a
distintos grupos de consejos, como *El objeto que se debe
cortar,* un consejo de Padampa Sangye, un profundo Dharma de Machig Labdon; *Las instrucciones sobre Dzogchen; La
guirnalda de la Visión* que son la esencia extraída del corazón
de Gurú Padmasambhava, *El Comentario sobre la profunda
visión del camino medio* y demás, pero cuando es analizado
correctamente por quien está versado en las escrituras y la
lógica que discrimina exactamente el significado provisional
y definitivo, todos ellos dirigen al mismo punto crucial, sin
que haya contradicción alguna, como la podría haber entre
el frío y el calor.

Como dice el *Bimalaprabhasutra:*

Al igual que hay diferentes nombres para la tierra,
también hay diferentes nombres y clases de joyas,
en base a diferentes lugares.
Las joyas en sí mismas nunca son diferentes en modo alguno.

Bien, entonces ¿en qué consisten las etapas de meditación en el Mahamudra? El texto raíz dice:

De las dos técnicas principales de la tradición del Mahamudra del Sutra, la que busca meditar en la mente además de haber obtenido una visión correcta de la realidad, y la que busca una visión correcta además de haber meditado en la mente, yo lo voy a explicar aquí según esta última técnica.

Uno podría seguir cualquiera de estos dos sistemas. Sin embargo, el protector Shantideva en su *Bodhisattvacharyavatara*, capítulo octavo, dice:

Entendiendo que los engaños son eliminados por
la Visión Superior dotada de Permanencia Apacible,
buscaré primero la Permanencia Apacible que
obtienen gracias a la alegría genuina, los que no se
apegan a la vida mundana.

También el *Ratnakutasutra* dice:

Permaneciendo en la ética, se obtiene la concentración
perfecta y después se cultiva la sabiduría.

Así pues, este sistema busca la visión profunda sobre la base de la concentración. Si eso es así, entonces ¿cuál es la técnica para cultivar la Permanencia Apacible? La respuesta es que dicha técnica consta de dos partes:

La preparación. (pág. 43)
La técnica. (pág. 44)

Permanencia Apacible
(tib: shiné, skt: samatha)

La Preparación

Maitreya en su *Sutralamkara* dice:

El lugar donde el inteligente cultiva Permanencia Apacible
debería tener un fácil acceso para encontrar lo necesario,
un buen lugar, una tierra buena y buenos amigos.
El yogui debería tener también las prioridades necesarias.

El yogui debe establecerse con una moralidad pura en el lugar descrito. Después, con la sabiduría del contentamiento y con pocos deseos, entregarse a la acumulación de las causas para obtener la Permanencia Apacible, y hacer las seis prácticas preliminares.

En un asiento que dirija a la estabilidad mental adopta la postura corporal de siete puntos[14],
Y purifica mediante la meditación de la respiración en nueve rondas[15]. Purifica profundamente tu estado mental y después, con una mente completamente positiva lleva a cabo primero la toma de refugio y genera la bodhichita.
Medita a continuación en un profundo camino de Gurú Yoga[16] y, tras hacer cientos de enérgicas y fervientes peticiones, disuelve dentro de ti a tu Gurú visualizado.

La mente pura y virtuosa se refiere a la bodhichita, la mente del despertar. El profundo camino del Gurú Yoga se refiere al Gurú Yoga en el que todos los caminos están completos, y se menciona de modo especial. El resto se considera que ha sido entendido.

La técnica

Habiendo llevado a cabo la etapa preliminar de ese modo, explicaré ahora el método para alcanzar la Permanencia Apacible de la mente.

Absórbete un momento en este estado en el que las apariencias se han desvanecido. Permanece sin pensamientos, expectativas o preocupaciones.

Sin embargo, esto no quiere decir que ceses toda atención[17], como si te fueras a desmayar o a quedarte dormido.

Más bien deberías atar tu atención a este poste para que no se distraiga, y usar la vigilancia[18] para ser consciente de cualquier movimiento mental.

Con firmeza, afina tu atención y observa con simplicidad la mente cuya naturaleza es cognición y claridad[19].

En el caso de que surjan pensamientos, simplemente reconócelos o como en un duelo entre rivales, córtalos inmediatamente, tan pronto como aparezcan[20].

Una vez hayas terminado con ellos, y tu mente sea estable, sin perder la atención, afloja y relaja su intensidad.

Como se ha dicho: "Afloja y relaja su firme intensidad y ahí tienes el estado mental estable"[21].

Y en otra parte: "Cuando la mente atrapada en un enredo es relajada, se libera a sí misma, sin ninguna duda".

Igual que se indica en estas afirmaciones, relaja pero sin deambular. Cuando observas la naturaleza de cualquier pensamiento que aparezca, automáticamente se desvanece por sí mismo dando lugar a una mera ausencia.

Del mismo modo, si analizas la naturaleza de la mente cuando es estable, una mera ausencia de obstáculo y claridad aparece vívida. Y la mente estable y la que se mueve se mezclan[22]. Así, no importa los pensamientos que surjan, deberías reconocerlos como un movimiento de la mente y sin bloquearlos, establecer tu mente en su estado natural. Es como el ejemplo del vuelo de un pájaro confinado en una embarcación. Como se ha dicho, "igual que un cuervo, que habiendo echado a volar desde un barco, tras dar vueltas en todas direcciones debe volver a posarse en él..."

El tipo de concentración que se debe alcanzar tiene dos aspectos:

1. Intensidad en la claridad.
2. No conceptualización unipuntualizada.

La auténtica Permanencia Apacible es el resultado de una concentración unipuntualizada en una mente del reino del deseo. A este respecto, el capítulo cuarto del *Uttaratantra* del protector Maitreya:

La Permanencia Apacible se logra mediante sus causas,
que son el abandono de las cinco faltas y la aplicación de los
ocho antídotos. (3cd)

La Permanencia Apacible se desarrolla gracias a nueve etapas mentales[23] que surgen al abandonar las cinco faltas en dependencia de los ocho antídotos[24]. Más aún, estas nueve etapas que se encuentran en los trabajos reunidos de las obras de Asanga sobre los Niveles (skt: *Bhumi*) se obtienen gracias a los seis poderes y las cuatro atenciones[25].

Pregunta: ¿Con qué tipo de objeto de meditación se cultiva la Permanencia Apacible?

Respuesta: En general, el Bhagawan enseñó numerosos objetos de meditación con el fin de despertar una concentración inmaculada –objetos que lo impregnan todo, objetos para eliminar determinadas emociones aflictivas, objetos para eliminar las emociones aflictivas en general, y objetos para los eruditos. Pero, dado que la mayoría de los Lamas anteriores de esta instrucción habían observado la mente y así la habían reconocido, también aquí se sigue esta misma técnica.

Además, observando al Gurú, las lágrimas caen de tus ojos y se te ponen los pelos de punta. Mentalmente con una intensa fe y respeto, hazle una poderosa plegaria de larga vida desde lo más profundo de tu corazón. Al final imagina que el Gurú se disuelve en ti y, de este modo, recibes sus bendiciones.

En este punto, absorto en un estado mental inducido por dicha meditación, no deberías urdir ningún tipo de expectativa conceptual especulando, "voy a llevar a cabo tal o cual objetivo temporal y último". O preocuparte pensando, "ahora, a corto plazo, quizás tenga que pasar por cosas desagradables, o por aquellas otras en el futuro". Sin seguir el rastro de las cosas pasadas, sin planear nada para el futuro y sin ningún movimiento en el presente, deberías colocarte con ecuanimidad en ese estado durante unos instantes.

Y no es que te hayas desvanecido o que hayas bloqueado todas tus actividades mentales como cuando te quedas dormido. Esta misma mente residente inalterada carece de distracción, y lo es de tal modo que establece una constante atención que no se olvida ni de las más mínimas cosas.

Aunque el objeto observado esté atado por la cuerda de la atención, la mente correría un riesgo enorme si aquella decreciera. Por lo tanto, la vigilancia parecida a un guardia, observa si la mente pierde intensidad en su atención y se mueve o no hacia cualquier otro sitio, y debería estar preparada y mantener la atención colocada sobre el objeto observado. Como se menciona en el *Madhyamakagarva*, de Bhavaviveka:

> La mente, parecida a un elefante descontrolado,
> debería ser atada ciertamente al poste firme
> del objeto observado con la cuerda de la atención, y
> debería ser controlada gradualmente con el gancho
> de la vigilancia.

En resumen, para alcanzar una concentración inmaculada no deberías dejar de sostener la atención y la vigilancia. De modo especial la atención es fundamental, ya que si está presente entonces la vigilancia surge como resultado.

En ese momento, habiendo detenido las demás concepciones, si detectas la mente como mera claridad y cognición, contempla exactamente esa naturaleza desnuda, ¡con una atención asidua y unipuntualizada! Contemplándolo de ese modo, cualquier movimiento mental o pensamiento, "tal o cual", que surja debería ser reconocido. Este reconocimiento depende de la vigilancia.

O como en la técnica de combate de alguien experto en el arco y de alguien experto en la espada que mencionan las escrituras del *Vinaya*, fortalece la atención y la vigilancia y camina sobre ellos sin permitir que continúen. Detén de inmediato cualquier asomo de conceptualización.

Tras detener la continua conceptualización, cuando la mente permanece sin deambular, esfuérzate en no perder la atención y la vigilancia, procura que la mente se establezca y déjala en el estado de equilibrio meditativo. Machig Labdon dijo:

> Afloja y relaja su firme tensión y
> hay un estado mental establecido.

Más aún, el gran Brahmin también dijo:

> Cuando la mente atrapada en un nudo es relajada,
> se libera a sí misma, sin duda.

Uno debería asegurarse que la mente está lo suficiente tensa pero bien aposentada. Déjala simplemente tal como está en su justa medida, porque si tensas más de la cuenta, la excitación mental puede surgir. Cuando creas que la excitación mental está a punto de surgir deberías *aflojar* ligeramente. Después, déjala en su estado natural. Si la aflojas demasiado el hundimiento mental puede surgir. Cuando creas que el hundimiento mental está a punto de aparecer, *ténsala* un poco y estará ajustada. Por lo tanto, si no caes en ninguno de estos dos, tu mente está libre de pensamientos discursivos. Cada vez que ocurre el emplazamiento uno debería ser cauto con el hundimiento mental y colocar la mente como Acharya Chandragomi dijo:

> Cuando aplico esfuerzo surge la excitación.
> Cuando lo abandono, surge el hundimiento.
> Cuando es difícil encontrar el equilibrio meditativo
> correcto, mi mente se altera, por lo tanto,
> ¿Qué podría hacer?

Durante esos momentos, cuando observas la naturaleza de cualquier pensamiento, automáticamente desaparece en sí mismo y aparece un vacío total. Del mismo modo, cuando inspeccionas la naturaleza de la mente –cuando es establecida sin movimiento– parece existir sin obstrucciones, un vacío total y vívidamente claro. Puesto que no hay diferencia entre el estado mental anterior y el posterior, se llama la "mezcla de la mente estable y en movimiento", un acuerdo ampliamente conocido entre los grandes yoguis.

Uno debería llevar a cabo la Permanencia Apacible según el método siguiente: No importa el pensamiento que surja, sólo trata de encontrar de dónde vino y adónde va, sin bloquearlo. Observa la naturaleza de esos pensamientos y déjalos que fluyan. Una vez los dejas ir, la mente cesa sus pensamientos discursivos y permanece estable. Esto sería similar a un cuervo que ha estado mucho tiempo en un barco, que vuela en el océano como dice el Doha:

> Igual que un cuervo, que habiendo echado a volar
> desde un barco,
> tras dar vueltas en todas direcciones debe volver
> a posarse en él…"

Dagon dice:

> No veas los pensamientos y la superstición como faltas.
> No medites deliberadamente en un pensamiento
> no conceptual.
> Deja la mente en su propia esencia y coloca un espía.
> Una meditación sobre la base de la Permanencia
> Apacible podría empezar entonces.

Más aún, si los estudiantes modernos pueden preservar el emplazamiento de la mente mediante las seis técnicas, ellos serán el rey de la instrucción. ¿Cuáles son estas seis?:

1. Emplázala como un sol libre de nubes.
2. Emplázala como un Garuda que planea en el cielo.
3. Emplázala como un barco en un gran océano.
4. Emplázala como un niño pequeño que observa un lugar sagrado.
5. Emplázala como el rastro tras el vuelo de un pájaro.
6. Emplázala como el hilo de algodón fino.

Usando estas técnicas para emplazar la mente el yogui logrará su meta.

1) Como el sol, libre de nubes, brillante y claro, la luz clara que es la naturaleza de la mente no es oscurecida por los conceptos de existencia intrínseca, la superstición, el hundimiento mental, la excitación mental y demás, por lo tanto no está bloqueada.

2) Cuando el ave mitológica, Garuda, se mueve por el cielo, lo hace por su propia fuerza, sin necesidad de ningún esfuerzo extra para batir las alas y demás. Del mismo modo, uno debería emplazar la mente sin tensarla ni aflojarla demasiado; manteniendo una intensidad clara y estable del objeto. No pierdes la atención y la vigilancia por culpa de haberla aflojado temporalmente.

3) Cuando el gran océano es sacudido por el viento, aunque se agiten sus olas en la superficie, el océano en sí no puede ser agitado. De igual manera, cuando emplazas la mente sobre su objeto observado, a pesar de que es agitada por ciertas concepciones sutiles, no lo es ni siquiera un poco por concepción burda alguna.

4) Cuando un niño observa un lugar sagrado, no investiga o analiza los detalles sutiles de la escena, sino que solo se queda con sus aspectos burdos y claros de la escena, sin distracción. Del mismo modo, cuando emplazas la mente, a pesar de que surja cualquier cosa –agradable o desagradable– a las cinco conciencias sensoriales, está emplazada unipuntualizadamente sobre su objeto sin verse afectada por la investigación y el análisis, el apego y el odio.

5) No existen rastros del vuelo de un pájaro en el cielo. Del mismo modo, cuando emplazas la mente sobre el objeto, no permitas que caiga bajo el control del apego, el odio o la ignorancia, en base al tipo de sensaciones agradables, desagradables o neutras que ocurran.

6) Cuando cardas la lana la dejas suave y ligera. Igualmente cuando emplazas de manera estable la mente sobre su objeto, se libera de las manifestaciones de los tres venenos y de los aspectos burdos del hundimiento y la excitación mental.

¿Qué ocurre al emplazar la mente de ese modo?

Cultivando métodos como éstos, experimentas la naturaleza de la mente absorta como lucidez y claridad inobstruídas.

No es establecida como cualquier forma o fenómeno físico, es la mera ausencia que, como el espacio, permite que todo surja y sea vívido.

Cuando estás absorto de ese modo, la naturaleza de dicha estabilidad meditativa no se ve oscurecida por nada, es lúcida y muy clara, y no es establecida como fenómeno físico alguno, es completamente vacía como el espacio. Aún así, cualquiera de los cinco buenos y malos objetos pueden aparecer ante ella claramente, igual que un reflejo luminoso en un espejo limpio. Una experiencia libre de la identificación "esto es aquello, esto no lo es".

Una concentración completa así es una mente unipuntualizada del reino del deseo si no va acompañada del gozo producido por la flexibilidad física y mental. La concentración que va acompañada de dicho gozo se dice que es la Permanencia Apacible, y es la fuente de muchas cualidades excelentes, como la clarividencia y la manifestación mágica. En particular los caminos arya de los tres vehículos se logran también en dependencia de la Permanencia Apacible.

Pregunta: Bien, entonces ¿cómo podría este mismo sendero ser reconocido por su propia entidad?

Esa naturaleza de la mente debe ser, de hecho, percibida directamente por la visión superior, pero no puede ser verbalmente indicada o aprehendida como "esto"[26]. Por lo tanto deja ir continuamente cualquier cosa que surja, sin aferramiento.

La mayoría de los meditadores de las montañas nevadas hoy en día son de una sola opinión al decir que esta es una directriz que indica cómo lograr el estado de la Budeidad.

De hecho esto es cierto y, yo, Choky Gyaltsen, afirmo que esta técnica es un maravilloso medio hábil para que los principiantes logren estabilizar su mente y es un ca-

mino que te lleva a reconocer únicamente la naturaleza relativa de la mente[27].

Así es como se describe y ahora hago la promesa de presentar el modo real en que existe la mente. Estas palabras indican que las anteriores introducciones eran fáciles de entender y que no es imprescindible hacer una promesa ya que sería redundante.

Visión Superior
(tib: lhak tong, skt: vipassana)

Esta parte tiene dos divisiones:

El modo de reconocer la mente en general. (pág. 53)
Indicar su naturaleza a modo de resumen. (pág. 56)

El modo de reconocer la mente en general

En cuanto al modo de introducir la verdadera y más profunda naturaleza de la mente, empezaré ahora con las instrucciones personales de mi Gurú raíz, Sangye Yeshe, quien, como indica literalmente su nombre, es la personificación de la sublime sabiduría de los Budas, bajo el aspecto de un monje vestido de azafrán. Él ha eliminado la oscuridad que cubría por completo mi mente.

El Noble Buda dijo:

La Budeidad está ahí si se comprende la mente.
No deberías buscar la Budeidad en ningún otro sitio.

Saraha señaló que:

La mente es la semilla de todo.
Para unos despliega samsara y para otros el Nirvana.
Me postro ante la mente que es como una joya
que concede los deseos,
Que otorga todos los frutos que uno pueda desear.

Lingre también dijo:

Si comprendemos nuestra propia mente, entonces
somos un Buda.
Si limpiamos lo superpuesto desde su interior la
Budeidad ciertamente vendrá.

Según aceptan todos los sagrados Sutras y Tantras aquí
se mencionan dos cosas: Nirvana y samsara. Son la gran
ventaja y desventaja respectivamente de comprender o no
la realidad de la mente tal como es.

En lo que respecta a la técnica de meditación para
descubrir la base de la mente, algunos dicen que desde la
estabilidad meditativa, cuando analizas si la propia mente es
establecida como externa, interna, si es producida, si mora
o cesa, cuando ves que no es ninguno de éstos, entonces has
descubierto la base de la mente, has reconocido la mente y
has logrado la meta del Mahamudra. Como dice el *Doha*:

Cuando se busca la mente y todas las apariencias,
no se encuentran e incluso el buscador no existe
en ningún sitio;
Su no existencia es no producida y no cesada en
los tres tiempos.
Esto mismo que no se transforma en otra cosa,
es la realidad del gran gozo natural.
Por lo tanto todas las apariencias son el Dharmakaya.

Algunos hacen valer este pasaje del Doha en este sentido.
Otros dicen que cuando buscas la mente, no puedes afirmar
que *sea* alguna de las partes de tu propio cuerpo, desde la
cabeza a los pies. Y que no puedes afirmar que *sea* un objeto
material alguno con color, forma y demás, esto es el *dharmata*, la realidad de la mente. Sang Rimpoché dijo:

La naturaleza de la propia mente que es la semilla

de todo, no es en absoluto diferente de la santa mente
de todos los Victoriosos y sus Hijos, aparece
como el sublime Cuerpo de Sabiduría de la Verdad.
No es material; es claridad por su propia naturaleza.
No es establecida como algo y carece de color y forma.

Los grandes yoguis creen que así es como es. Otros señalan que el meditador no debería seguir el rastro de una consciencia que se ha manifestado antes ni de una futura consciencia, y dejar de modo natural, en sí misma, la consciencia fresca del presente sin ninguna invención. De ese modo verías directamente la naturaleza desnuda de la mente. Según Saraha:

¡Déjala en su modo natural, sin invenciones y libre!

Y el mahasidha Dvipa:

Cuando se deja sin artificios, aquí y ahora,
amanece la realización espiritual.
Cuando es arrastrada como un río,
aparece aunque estés distraído.
Tú, el yogui, ¡abandona todos los objetivos con
signos de esencia sustancial!
Y colócate siempre en estabilidad meditativa.

Otros dicen que no importa cual sea el aspecto de los objetos que aparezcan en la mente -formas, sonidos y demás o cualquier tipo de concepto, bueno o malo, pensamientos virtuosos o no virtuosos-, échales un vistazo de cerca, sin diferenciarlos ni en lo más mínimo en cuanto a positivo o negativo. De este modo se desvanecerán por sí mismos. Un texto llamado *Gangama* dice:

Si quieres experimentar el significado de la consciencia
que no puede ser trascendida, investiga tu propia

mente y deja ese conocedor al descubierto.
Deja que se aclare el agua de la polución conceptual.
Deja las apariencias naturalmente sin separar
las negativas de las positivas.
Cuando permaneces sin adoptar ni rechazar,
es Mahamudra.

Otros comentan que sin importar el tipo de superstición que surja, debes detenerla de inmediato sin dejar que se desvanezca por sí misma. Permitiendo que se incremente más se libera a sí misma, por lo que su surgimiento y liberación son simultáneos. Es decir, cuanto más numerosa es la superstición más cerca tienes el Dharmakaya. Es así porque el Lama Shang dijo:

Al haberse situado uno mismo de ese modo,
si de repente una superstición se da,
no pienses que sea otra cosa que el Dharmakaya
de la luz clara.
Por lo tanto, la emanación de una superstición
es una emanación de vacuidad desde la vacuidad,
una emanación del Dharmakaya desde el Dharmakaya,
y una emanación de la unión total desde la unión total.

Así se adiestran los yoguis.

Indicar su naturaleza a modo de resumen

El Arte de la Interpretación de Lama Tsongkapa dice:

Como señala el *Aryarashtrapalapariprichasutra*:
Por no saber el modo en que existen las cosas,
vacías, pacíficas y no producidas,
los que transmigran deambulan.
Puesto que el Maestro posee la santa compasión les
hace entrar en el camino de la realización de la
ausencia de existencia inherente mediante métodos y

cientos de razonamientos.

Aquellos que transmigran, al desconocer la profunda vacuidad, la ausencia de existencia inherente o de esencia sustancial, deambulan por el samsara. Para liberar a los que vagan en el samsara el Maestro, que posee gran compasión, les ayuda a comprender la ausencia de existencia inherente, directa o indirectamente mediante cientos de razonamientos que la establecen.

El Noble Shantideva en *Una Guía a la Forma de Vida del Bodhisattva*, al principio del noveno capítulo dice:

Todas las prácticas de la doctrina fueron mostradas
por el Sabio para lograr la sabiduría, por ello, quienes
desean abandonar el dolor deben generarla.

Y Atisha señala:

Los ochenta y cuatro mil volúmenes de enseñanzas
acaban en este mismo *dharmata*, es decir, la
comprensión directa de la ausencia de esencia sustancial.

Los ochenta y cuatro mil volúmenes de enseñanzas del Victorioso son una herramienta para tener la experiencia directa del *dharmata* o la ausencia de existencia inherente. Más aún, antes de experimentar directamente dicha ausencia, uno debería establecerla por medio de escuchar, contemplar y meditar.[28]

La meditación como mero ejercicio de concentración, no puede eliminar la aflicción como ciertos Tirthikas sostienen. *El Sutra del Rey de la Concentración* señala:

Aunque los seres mundanos cultiven el samadhi,
no destruyen la noción de la existencia intrínseca.
Solo con ese método las aflicciones volverían y te
perturbarían como le ocurrió a Udraka, quien cultivó

la concentración unipuntualizada.

Entonces, ¿cuál es la concentración que nos hace lograr la Iluminación? El mismo sutra dice:

Si investigas individualmente los fenómenos que
son vacíos de existencia inherente o esencial
y meditas individualmente en aquel que hayas
investigado, lograrás el Nirvana resultante de esa
causa. Cualquier otra causa no conllevará dicha paz.

Así pues, tras investigar el fenómeno y meditar en su naturaleza vacía lograrás el fruto, el Nirvana. Desde el punto de vista de su naturaleza, este vacío de esencia sustancial, no existe como sutil o burdo, pero debido a la división entre persona y fenómeno, se puede dividir en dos, tal y como mencionó Chandrakirti, en el capítulo seis del *Madhyamakavatara:*

Para liberar a los seres conscientes, el Bendito
dijo que el vacío de existencia inherente es de dos
clases cuando se divide en persona y fenómeno. (179)

Respecto a esas dos divisiones, aunque la ausencia de existencia esencial o inherente del fenómeno se suele enseñar en primer lugar en las escrituras del Buda y en sus comentarios, uno tiene que meditar primero en la falta de existencia esencial o inherente de la persona. Como dice el *Sutra del Rey de la Concentración:*

La noción misma que tienes respecto a tu ser, tu yo,
la deberías aplicar a todo, a la consciencia y cosas similares.
La naturaleza de todos los fenómenos es la ausencia de
existencia inherente, son puros, como el cielo.
Mediante un simple ejemplo todo es comprendido.
También, mediante un simple ejemplo todo es visto.
Para meditar bien en la vacuidad, la ausencia de existencia

inherente de la persona, uno tiene que reconocer en primer lugar el objeto de negación. Como ha sido dicho por Shantideva en el capítulo nueve de su *Guía:*

Si no hay objeto de análisis, no puede
haber conocimiento de su inexistencia.

Pretender meditar en el vacío sin reconocer el objeto de negación, sería como tratar de disparar una flecha sin ver el blanco, o emprender una guerra sin conocer a los enemigos. Una vez identificado el objeto de negación, si lo que se niega es excesivo, podrías caer en el extremo nihilista y, si lo que se niega es demasiado poco, el objeto sutil de negación podría no ser negado, por lo que caerías en el extremo eternalista, lo cual puede ser ligeramente peligroso. Como Nagarjuna decía en su *Sabiduría Fundamental:*

Si la vacuidad es malinterpretada
aquellos de poca sabiduría se echarán a perder.
Como una serpiente que ha sido mal agarrada,
el mantra del conocimiento podría también ser
practicado erróneamente.

Por lo tanto el Subyugador, sabiendo que
la profundidad de estos fenómenos concebidos
sería difícil de realizar para ellos,
aparta su santa mente de dar enseñanzas.
(Capítulo 24, 12 abcd)

Las *Ocho Mil Estrofas de la Perfección de la Sabiduría* señalan:

Al malinterpretar la naturaleza del yo y lo mío,
los seres conscientes vagan en el samsara.

La raíz absoluta de todas las faltas es el aferramiento innato a la concepción de un yo intrínseco. El sentido de "yo" puede ser de tres clases[29]:

1. El que asumes como un yo inherente, esencial.
2. El que asumes como un yo que no existe de modo inherente; un yo meramente etiquetado.
3. El que no es acreditado por ninguno de estos dos.

El primero es la concepción que se aferra a una existencia esencial, intrínseca de la persona. La concepción que toma como objeto de observación a otra persona y la aprehende como intrínsecamente existente, es una concepción que se aferra a la existencia intrínseca o esencial de la persona, pero no sería la concepción innata del aferramiento al yo.

La concepción innata del aferramiento al yo, también se denomina *visión de lo compuesto y transitorio*, es una inteligencia aflictiva que observa *el yo propio* y lo aprehende como inherente. Surge de su propia causa, una concepción sutil que se aferra a la existencia de los fenómenos. Como dice Nagarjuna [en su *Ornamento Precioso*, estrofa 35]:

Si hay aferramiento a los agregados
hay aferramiento al yo.
Si hay aferramiento al yo, hay nuevo karma.
De ahí, otra vez un renacimiento.

Ésta es precisamente la raíz del samsara. Por lo tanto, si no refutas este modo de aprehender el objeto y de apegarse a él, no puedes abandonar la concepción errónea a un yo intrínseco o esencial porque, tal y como enseña el Señor del Conocimiento, Dharmakirti, en su *Pramanavatika*:

Sin refutar el objeto concebido de esta
concepción del aferramiento al yo,
uno no puede abandonar esta ignorancia.

El segundo tipo de yo sucede sólo en el continuo de

aquellos que han logrado una experiencia directa de la visión del camino medio en adelante. El tercero es la convención válida habitual para sostener el mero yo.

El objeto que concibe el aferramiento a un yo o persona que existen de modo intrínseco, sustancial, inherente o independiente es un yo o persona que existe de esos modos. Esto es precisamente lo que debe ser refutado. Para hacerlo, simplemente, acostúmbrate a verlo como carente de dicho modo de existencia, y así se impide la concepción que se aferra a dicho tipo de existencia.

Por esa razón, a modo de instrucción experiencial orientativa explicaré primero el modo en que aparece el objeto de negación y el modo en que es concebido.

Mientras permaneces en un estado de estabilidad como antes, igual que un diminuto pez que resplandece en un estanque claro y no lo perturba, con inteligencia examina la naturaleza de la persona que está meditando.

Cuando te encuentras emplazado en el objeto de concentración previo, sin divagar ni en lo más mínimo, como un pequeño pez que resplandece en un estanque claro, inspecciona con inteligencia y en detalle la verdadera naturaleza del yo que está meditando. Es decir, el modo en que *aparece* a la consciencia y el modo en que es *aprehendida*. Discierne uno de otro con precisión y con una consciencia sutil.

Cuando investigas de ese modo te das cuenta de que todos los fenómenos, incluyendo el yo, la persona, no son más que un mero nombre, meramente etiquetado por la concepción sobre una base adecuada. Igual que la mera etiqueta "serpiente" sobre un trozo de cuerda; "espantapájaros" sobre un montón de madera. Como dice el sutra siguiente:

> No importa cómo aparezca la ciudad de Gandarva
> no existe en absoluto en las diez direcciones.
> Por otro lado, esa ciudad es un mero nombre.

Los Sugatas ven del mismo modo a los migradores.

Así es como el Tathagata lo vio. Si no cayéramos en el error, los fenómenos deberían aparecer solo como un nombre, como una existencia imputada por nosotros, pero no es así. Puesto que están contaminados por el demonio de la ignorancia aparecen ante nosotros más bien de modo opuesto. Debido a ese modo de aferrarnos a ellos se acumula karma y, por su culpa, se vaga en samsara experimentando una diversidad de sufrimientos.

El modo en que nos aferramos a los fenómenos también se puede denominar, "el modo en que aparece el objeto de negación", "el modo en que aparece la existencia intrínseca o esencial", y "el modo en que se aprehende el objeto como si existiera de modo intrínseco".

Para nosotros, seres ordinarios, no hay otro modo de apariencia del objeto de negación que no sea este modo específico en que aparece. Dado que todas las consciencias de los seres ordinarios están contaminadas por la ignorancia, cualquier objeto que aparezca lo hace como si tuviera una esencia sustancial, intrínseca. Por ello, cuando entiendes que la persona y los fenómenos existen como una mera imputación, obtendrás la certeza de que el modo en el que la concepción innata del yo o *visión de lo compuesto y transitorio* aprehende el yo, es la raíz del samsara. Después podrás comprender todas las maneras de reconocer el objeto de negación sutil. Como dijo el Señor Omnisciente, Tsongkapa:

> Señalar todos los fenómenos como existencia
> imputada y el modo de reconocer el objeto de
> negación bastante a menudo.

Respecto a estas técnicas, alguno de aquellos orgullosos de ser conocidos como "Señor de los Eruditos" y guía de muchos seres migradores, no comprendía ni siquiera las frases. Solo aquellos santos que guardaban la práctica en su corazón, sabían mucho sobre ella. Como dice el siguiente pasaje de Khedub Norsang Gyatso, un Maestro tibetano experto en astrología, que tomó la ordenación en el año 1435.

> Sin embargo he visto a tantos seguidores, como racimos de estrellas, del Señor del Sol de la Mente, Noble Lama Tsong Khapa, que están orgullosos de ser eruditos y que afirman que "los objetos de negación" atados a los términos convencionales: "establecido por su propio carácter", "inherentemente establecido",

> Y "establecido por sí mismo" son colocados por la propia mente, por lo que el hecho de que sean negados por la lógica es afirmado como el gran camino medio, como libre de extremos. Cualquier forma de sueño y cualquier caballo o elefante ilusorio no existe ni en lo más mínimo aparte de su mera apariencia a sus respectivas consciencias, como su propia proyección.

> De igual modo, he oído que si el objeto sutil de negación —es decir, que pueda existir algo que no sea solo una mera imputación de todas y cada una de las concepciones individuales de cada ser consciente, desde la cumbre de la existencia cíclica hasta el infierno —no se identifica bién, uno no podría progresar mucho a excepción de cierta visión efímera independientemente de cuánto análisis se haya hecho.

Cuando investigas si la persona existe como aparece a la consciencia al pensar "yo", estás convencido de que no podría existir de otro modo más que teniendo una esencia sustancial o inherente. No obstante, no existe en absoluto del modo en que aparece por dos motivos: el cuerpo y la mente del ser no son individualmente el yo; el conjunto de los dos tampoco lo es; ni cada uno de los seis constituyentes; ni su conjunto tampoco. Y además, tampoco puedes afirmar un yo o persona que exista totalmente aparte de los seis constituyentes. En lo concerniente a este tema:

El Refugio, el propio Arya Nagarjuna en su Guirnalda Preciosa **80. abcd dijo:**

**"Si el yo no es la tierra, ni el agua,
ni el fuego, ni el aire,
ni el espacio, ni la consciencia,
ni todos ellos, entonces, ¿qué otro yo
puede haber aparte de ellos?"**

Shantideva en su *Guía a la Forma de Vida del Bodhisattva* también decía:

Los dientes, el pelo, las uñas no son el yo.
Tampoco lo es la sangre o los huesos, ni los
líquidos en la nariz, ni la flema, la linfa o el pus.

El yo no es la grasa del cuerpo ni su sudor.
Ni los pulmones o el hígado,
así como tampoco lo son los órganos internos
ni los excrementos o los orines.

La piel y la carne no son el yo, ni el aliento
o el ardor corporal, las cavidades del cuerpo tampoco lo son.
Y tampoco se encontrará en las seis consciencias.

El "yo" no es el elemento tierra como los huesos y demás, que son sus partes sólidas. Tampoco es el elemento agua como la sangre y demás, que son sus partes fluidas. No es el elemento fuego, el factor del calor desde la coronilla a los talones. Tampoco es el elemento aire, ligero y móvil que se mueve por los canales. Tampoco es el elemento espacio, como la parte vacía en un poro de tu cuerpo. Tampoco es ninguna de las consciencias, la visual y el resto. Ellas tampoco son el yo. El conjunto de todas estas partes no es el yo. Aparte de esto no existe un yo del modo en que aparece a la consciencia que lo aprehende cuando piensa "yo soy el meditador".

También se dice en un sutra:

La forma no es el yo. La sensación no es el yo.
El discernimiento no es el yo.
El factor composicional no es el yo.
La consciencia no es el yo.

Ninguno de los cinco agregados, ya sea individualmente, ya sea como conjunto, como la forma del conjunto y demás del yo que está meditando, no son el yo que está meditando. Porque, si este fuera el caso, sucedería que la base de imputación y la propiedad imputada, lo que es tomado y el que toma, la rama y el poseedor de la rama serían uno. Habría además una contradicción como se menciona en el *Madhyamakavatara*, en el capítulo 6, de Chandrakirti:

Si los agregados fueran el yo, dado que hay muchos,
los yoes también deberían ser muchos, (127)

Especialmente si la consciencia fuera la persona no sería factible para un ser caer enfermo, hablar, ver, dar a luz a un bebé etc. Y también sucedería que podría haber seis yoes, dado que hay seis consciencias.

Por otra parte se daría el caso de que igual que el yo es uno, las seis consciencias tendrían que ser también una. Si la forma del conjunto de ellos fueran el yo, sucedería que en el reino sin forma no existiría un yo.

Tampoco existe un yo separado de los cinco agregados. En caso de hacerlo se trataría de un yo *totalmente* divorciado o inherentemente establecido y no relacionado con ellos. No poseerían la característica que lo describe como un fenómeno compuesto. Como dice Nagarjuna en su *Sabiduría*

Fundamental, capítulo 18, 1cd:

> Si el "yo" fuera diferente de los agregados
> no tendría la característica de los agregados.

Se darían también las contradicciones mencionadas en el *Hastikachyasutra* que dice:

> Si los fenómenos existieran inherentemente
> los Victoriosos junto con sus discípulos lo habrían visto.
> El fenómeno no cambiante no llegaría más allá del dolor.
> Los eruditos nunca estarán separados de la elaboración.

Mientras permaneces de este modo en plena estabilidad meditativa, lleva a cabo un análisis con una consciencia penetrante hasta determinar con precisión que el yo, el ser que aparece ante ti, se desvanece en el espacio de la vacuidad sin la menor traza de existencia. Tras crear esta imagen clara de vacío total en la propia mente, uno debería emplazar la mente de manera unipuntualizada, sin ningún tipo de elaboración o enredo mental.

Si se debilita el modo en que aprehendes esta negación no afirmativa –el vacío o ausencia de esencia sustancial– entonces deberías analizar como antes desde la estabilidad meditativa y después de modo unipuntualizado. Esta es la técnica para mantener la concentración parecida al espacio. Se dice que cuando se descubre por primera vez uno puede sentir miedo si no está familiarizado con la visión anterior, pero si se está familiarizado puede surgir gozo en la mente. Para señalar la presentación del logro subsiguiente, el texto raíz dice:

Y, del mismo modo que la persona no es sólida porque ella es lo que puede ser etiquetado sobre el conjunto de estos seis elementos[30], del mismo modo, ninguno de esos seis elementos son sólidos porque cada uno es lo que puede ser etiquetado sobre el conjunto de sus partes[31].

Cuando buscas las cosas, como se ha dicho, ni siquiera un solo átomo de estabilidad, ni de aquel que está estable y demás, se encuentra. En ese momento, lleva a cabo la concentración parecida al espacio[32], sin distracción alguna.

Tras surgir de la estabilidad meditativa, cuando lo investigas, entiendes que el yo que aparece erróneamente ante nosotros de hecho no existe, es solo debido a que nuestra mente está poseída por el demonio de la ignorancia. Ningún ser, persona o yo, existe de modo esencial, independiente. Solo existe como un mero nombre, una mera etiqueta o imputación conceptual proyectada sobre el conjunto de los seis constituyentes o los cinco agregados de uno mismo. Como cuando imputas "hombre" en base a un espantapájaros, o imputas "serpiente" en una cuerda retorcida. Se debería generar la convicción de que no son perfectos y de que son vacíos, como una ilusión que sencillamente aparece como una relación dependiente y después medita como recuerda el *Gambhiraghoshasutra*. El *Samadhirajasutra* (*Rey de la Concentración Real*) dice:

Los que hacen magia emanan formas y
una variedad de cosas: caballo, elefante, carro y demás.
Pero, ninguna existe como aparece.
¡Reconoce todos los fenómenos de este modo!

Como una niña que sueña que da a luz a un niño y
después lo ve muriendo, se siente feliz cuando nace e
infeliz cuando muere,
¡Reconoce todos los fenómenos de este modo!

Igual que la luna se refleja en el agua clara e impoluta,
por la noche pero no se puede coger aunque lo
intentes mil veces.
¡Reconoce todos los fenómenos de este modo!
Como la persona que sufre porque tiene sed al

mediodía en primavera, camina y ve el espejismo
como un precioso estanque
¡Reconoce todos los fenómenos de este modo!

No hay agua en el espejismo.
A los seres conscientes ignorantes les gustaría beberla.
Un agua que no es real no puede ser bebida.
¡Reconoce todos los fenómenos de este modo!

Como la persona que busca una flor en un húmedo
platanero, no puede hallar ninguna ni dentro ni fuera,
en ninguna parte, aunque lo seccione.
¡Reconoce todos los fenómenos de este modo!

De este modo se logra cierta experiencia de la ausencia
de existencia inherente de la persona, como se menciona en
el *Prajñaparamitagugaratnasanchayasutra*:

Cualquier cosa aprehendida sobre uno mismo es
aprehendida sobre todos los seres conscientes.
Cualquier cosa aprehendida sobre todos los seres
conscientes es aprehendida sobre todos los fenómenos.

Recuerda el modo en que, tanto los seres ordinarios como
los seres Arya, cada uno de los elementos externos e internos
-tierra, agua, fuego, aire y consciencia-, y también todos los
fenómenos compuestos en samsara y Nirvana aparecen y se
establecen como antes cuando investigabas el modo en el
que aparece y el modo en que te aferras a dicha apariencia.
Y cuando no encuentras ni un solo átomo de existencia inherente o esencial, entonces, reconoces la identidad última
de la mente. Como se dice en otra parte:

No hallar es supremo entre lo que se halla;
no ver es la visión sagrada.
En consecuencia, dado que se ha reconocido la identidad

de la mente, el yogui, debería implicarse sin distracción en la concentración parecida al espacio sobre la realidad: la mera negación de existencia esencial o intrínseca.

En otras fuentes también se dice que la mente y el aire muy sutil acompañante, son la base de la imputación del yo. Y también, aquellos que imparten la instrucción, han elegido reconocer la identidad de la mente para establecer su verdadera realidad. Yo debería hablar como ellos con las palabras del texto raíz:

Alternativamente, mientras sigues en un estado de estabilidad, examina que la mente no existe como forma física alguna, una ausencia de obstrucción total que permite una variedad de apariencias cognitivas.

Y que es claridad y capacidad de conocer, libre de obstáculos, que interacciona con los objetos sin discontinuidad. Parece no depender de otra cosa. Pero en cuanto al objeto con el que se implica la mente que lo aprehende como si existiera tal y como aparece, nuestro protector Shantideva, ha dicho:

"Los así llamados continuo y conjunto no son lo que parecen como en el caso de un rosario, una guerra y demás". Basándote en la autoridad de las escrituras y razonamientos como estos, absórbete en el hecho de que "nada existe como aparece".

También se podría meditar como dice Chandrakirti en su *Madhyamakavatara*:

Los distintos mundos y sus habitantes,
los seres conscientes, son creados por la mente.
(Capítulo 6, 89ab)

Así se presenta la mente como la raíz de todos los entornos

y sus habitantes. Por consiguiente, la técnica aquí es diferente a otras cuando la raíz básica de la mente es encontrada, por este motivo uno debería hacer lo siguiente:

"Sin abandonar la estabilidad meditativa anterior, cuando inspeccionas la propia mente, descubres que no existe como forma alguna, por lo que surge un completo vacío. Es libre, como el sol lo es de la oscuridad de las nubes, de una variedad de pensamientos moviéndose aquí y allí, de pensar en la ingente cantidad de cosas y estando distraída. Dicha mente ansiosa y funcional -que no cesa como lo hace una lámpara de mantequilla que se apaga, y que no deja de ser claridad y cognición- aparece a la consciencia que aprehende la propia mente, como independiente, sin depender de nada".

En cuanto al objeto concebido, el que es aprehendido tal y como aparece, el Protector Shantideva en el capítulo octavo de su *Guía a la Forma de Vida del Bodhisattva* señala:

Conceptos como un continuo o un agregado no
existen, igual que no existe un rosario o un
ejército: necesitan de muchas unidades para ser
válidas como tales.

La agrupación de las semillas de un rosario ensartadas en el hilo es meramente etiquetado como "mala"; y el conjunto de soldados con armadura se denomina "ejército". Puesto que existen solo como un nombre, una mera imputación, no existen de modo inherente o sustancial.

Mediante la autoridad de las escrituras y la lógica, uno se cerciora de que nada existe del modo en que aparece. Desde esta certeza emplázate de modo unipuntualizado. Además, las *Ocho Mil Estrofas del Prajñaparamita* dice:

La mente no es mente, porque su naturaleza es la luz clara.
La mente no es algo que pueda existir de modo inherente

porque su naturaleza es la luz clara, la vacuidad. El *Ratnaku-tasutra* dice también:

La mente no ha sido vista ni siquiera por todos
los Budas de los tres tiempos.
Ellos no la han visto. Ellos no la verán.

El Venerable Marpa también usaba el término "atrapar la vacuidad de la mente" en la meditación para establecer el *dharmata* de la mente exactamente como es:

Como se ha dicho, he estado en la orilla del río
Ganj en el Este.
Por la amabilidad del gran señor Maitripa,
he comprendido el *dharmata* que es una base no producida.

Al atrapar la vacuidad de la mente he visto el
significado, la naturaleza de la mente
primordial como libre de elaboración.
He visto los tres cuerpos sagrados directamente.
Mi elaboración mental se ha cortado desde entonces.

Phagdu, el Señor de los seres migratorios, también dijo:

La raíz de los dos, samsara y Nirvana, es la mente.
La mente, al ser pura desde el principio, es talidad
es pacífica desde el principio y es no producida.
La mente es completamente libre del extremo de
elaboración.

A continuación sigue la sagrada y breve instrucción de la boca de nuestro amigo espiritual virtuoso Sangye Yeshe, alguien Omnisciente en el verdadero sentido, no como el que es conocido como omnisciente pero no lo es.

En resumen, como ha dicho mi virtuoso amigo espiritual, Sangye Yeshe, omnisciente en el verdadero sentido:

"Cuando, sin importar lo que surja, seas plenamente consciente de que esa apariencia es simplemente lo que puede ser aprehendido por el pensamiento conceptual, la esfera última del fenómeno aparecerá sin depender de nada más. Entonces, tu consciencia se sumerge en ello con una concentración unipuntualizada; es asombroso[33]. ¡Ema Ho!

Así pues, si entiendes que cualquier cosa que aparece es una mera imputación conceptual, entonces la realidad última surge como un objeto de tu mente sin depender de ninguna otra condición. Como ha dicho Chandrakirti en el Capítulo 6 de su obra *Entrando en el Camino Medio*:

Las verdades nominales son el método y
la verdad última es la que surge del método. (80.ab)

Cuando aparece esa realidad última, tu consciencia inmersa en ella, unifica la realidad que surge como un objeto de tu mente y el sujeto, tu consciencia, y entonces uno se establece en estabilidad meditativa sobre ello, ¡es algo asombroso!

Padampa Sangye menciona algo similar en cuanto al significado de las dos líneas anteriores:

De modo similar Padampa Sangye también ha dicho:

"Desde el estado de vacuidad, empuñarás la lanza de la consciencia pura. Pueblo de Tingri, la visión correcta de la realidad que está libre de ser capturada absolutamente por nada".

Conclusión del Texto

La conclusión

La conclusión consiste en dedicar la energía positiva de la estabilidad meditativa en el Mahamudra, con el fin de lograr la inmaculada Iluminación. Y se indica explícitamente al principio de mi texto raíz: "Para ello hay las prácticas preliminares, la técnica, y la conclusión".

La manera de aplicar la dedicación se menciona dentro del contenido de la práctica pero no como algo evidente. Se vuelve a poner aquí para determinar la línea divisoria, aunque ya se había puesto en el texto raíz anteriormente. Puedo conectarlo ahora tal y como dice el texto raíz:

Al final de tu sesión de meditación dedica cualquier virtud positiva que hayas acumulado al meditar en el Mahamudra, así como tu acumulación general de virtud de los tres tiempos similar a un océano, para el logro del inmaculado estado de la Iluminación.

Logro Subsiguiente

Seguidamente presento los tres puntos siguientes:

1. Cómo llevar a cabo la práctica en el logro subsiguiente tras surgir de la estabilidad meditativa sobre el Mahamudra. (pág. 76)
2. Recordar de nuevo la imagen mental del objeto de negación sin perderlo cuando volvemos a la estabilidad meditativa. (pág. 76)
3. Presentar la aclaración de dudas respecto a otros puntos tanto en la estabilidad meditativa como en el logro subsiguiente. (pág. 80)

Con respecto a estas tres el texto raíz dice:

Habiéndote familiarizado de este modo en ver la visión correcta, cuando posteriormente investigas cómo aparecen a tu mente los objetos de cualquiera de tus seis consciencias, su mero modo de existencia queda al descubierto de un modo radiante.

Reconocer cualquier cosa que surja en tu mente de ese modo, es el punto esencial de la visión correcta. En resumen, no te aferres a que las cosas, cualquier cosa que surja ante tu mente, existen del modo en que aparecen.

Hazlo manteniéndote firme en lo que respecta a su verdadero modo de existencia. Cuando reconoces una cosa así, comprendes que todos los fenómenos del samsara o Nirvana tienen una única naturaleza.

Cómo llevar a cabo la práctica en el logro subsiguiente tras surgir de la estabilidad meditativa sobre el Mahamudra.

Tras familiarizarse con este material, cualquier apariencia durante el logro subsiguiente, como los objetos de las seis consciencias, ¡con tu inteligencia investiga bien, en detalle, el modo en que aparecen! Si lo haces, la realidad de la relación dependiente aparece claramente ante ti como falta de esencia sustancial, igual que la paja, una cáscara, un sueño, o el reflejo de la luna en el agua.

En dependencia de ello, tu discernimiento con respecto al *dharmata,* la naturaleza de los fenómenos, se hace más clara. Como sugirió el Venerable Mitra:

> Identificar cualquier cosa que surja, es un punto
> de vista esencial.

Llegados a este punto, ¿es necesario que diga lo esencial que es? En resumen, el modo en que un objeto, como la propia mente, aparece ante nosotros, personas cortas de vista, revela el aspecto del objeto de negación. Por tanto, sin apego ni aferramiento a lo que sea que aparezca, comprende que la realidad de éste o aquel objeto es solo la negación del modo de existencia con el que aparecen. Después mantén la estabilidad meditativa similar al espacio sobre este hecho.

En el logro subsiguiente -tras surgir de la estabilidad meditativa- cuando se observa lo que se deja al seguir la pista de la refutación del objeto de negación, sólo el fenómeno de la relación dependiente, sujeto y objeto y demás surgen como mero nombre y mera imputación. Uno debería así culminar el yoga de la estabilidad meditativa y el logro subsiguiente alternándolos.

Recordar de nuevo la imagen mental del objeto de negación sin perderlo cuando volvemos a la estabilidad meditativa.

Tras aprender el modo de llevar a cabo la estabilidad meditativa y el logro subsiguiente, deberías aplicar la inseparable y última naturaleza que es la mera negación de existencia esencial o intrínseca de todos los fenómenos de samsara y Nirvana, y establecerte en ello. Y en el logro subsiguiente, te deberías familiarizar en aplicarles la naturaleza engañosa, la mera apariencia como una ilusión, tal y como dice el texto raíz:

Aryadeva ha confirmado este punto:

"Si ves la naturaleza final de una cosa
ves la naturaleza final de todas.
El vacío de una cosa es el vacío de todas
las cosas".

Pregunta: Bien, entonces, ¿aparece el fenómeno de relación dependiente como solo un nombre, una existencia meramente imputada, desde la perspectiva de quien está en estabilidad meditativa sobre la realidad?

Respuesta: Contestaré con las palabras del texto raíz:

En el rostro de la absorción completa en la verdadera naturaleza de la realidad solo hay la ausencia de existencia intrínseca, del modo adecuado, -existencia, no existencia y demás- con respecto a samsara y Nirvana, libre del extremo que es la elaboración de existencia intrínseca.

Como señala Milarepa:

En términos de la verdad última:
No hay tampoco Buda, libre de obstáculo;
No hay meditador ni objeto en el que meditar,
No hay bases ni senderos que recorrer,
Ni realización, ni cuerpo resultante ni sabiduría excelsa.

Por lo tanto no hay Nirvana.

Los tres reinos soporte junto con los seres conscientes
que los habitan, son meramente imputados por
nombres y palabras, no son establecidos desde el
principio; son no producidos, sin una base, y no
nacidos simultáneamente.

Son sin karma ni resultado
kármico. Por lo tanto, no hay siquiera el nombre del
samsara. Esto es lo que parece desde el nivel absoluto.

El homenaje a la Madre al principio del *Sutra del Corazón*
dice:

Me postro ante la Madre de los Conquistadores
de los tres tiempos,
Ante la inexpresable e indescriptible perfección de la
sabiduría, la entidad que ni surge ni cesa,
cuya naturaleza es parecida al espacio;
y cuyo objeto pertenece a la propia mente
(de sabiduría) que lo conoce.

Khedub Khyungpo dejó dicho:

La autoliberación en la apariencia y existencia
son como ilusión y sueño.

Pregunta: Bien, entonces, si es así ¿son el karma y demás
absolutamente no existentes?

Respuesta: Afirmar que "son absolutamente no existentes
a nivel último" no es suficiente porque el karma y demás
definitivamente existen.

Mi texto raíz dice así:

No obstante, al levantarte, cuando investigas, ves que tu mente todavía da lugar a la apariencia de las cosas que surgen de modo dependiente, que funcionan y que solo **pueden existir como aquello que etiquetas con nombres. Aún así surgen naturalmente como un sueño, un espejismo, el reflejo de la luna en el agua, una ilusión.**

Según Milarepa:

Si no hubiera seres conscientes, ¿de dónde podrían
haber venido los Budas de los tres tiempos?
Sin una causa un resultado sería imposible.
Por lo tanto, en términos de la verdad engañosa:
Hay samsara, Nirvana y todo. El Buda lo ha dicho.
Las dos: la naturaleza de la existencia que aparece
como cosas y aquella de la no existencia, que es vacía,
son entidades inseparables y de un solo sabor.
Por lo tanto no existe autoconocedor y conocedor
externo ya que están todos ampliamente unificados.

Las cosas existen como mero nombre y mera imputación, por lo que uno tiene que establecerse en ecuanimidad satisfecho de ese modo. El supremo Arya Nagarjuna dijo:

Dado que algo es forma gracias solo a un nombre
el espacio es también solo un nombre.

El significado último del Mahamudra aceptado por el Padre, Arya Nagarjuna, y su hijo espiritual, Aryadeva, es lo que se llama "lo que existe de modo imputado" y "solo nombre". Por tanto, si lo tengo que explicar claramente, es como sigue:

Por ejemplo, en una casa de cuatro columnas uno debe

aceptar que hay una columna para que pueda haber cuatro columnas. "Columna" es una generalidad del significado aplicable a cada uno de las cuatro. Sin embargo, si investigas qué es la base de imputación para recibir la generalidad "columna", cada una de ellas individualmente no puede ser su base de imputación. Ni tampoco lo puede ser el conjunto de las cuatro. Tampoco uno puede encontrar una base de imputación que sea diferente de cada una de las cuatro individualmente, o el mero conjunto de ellas.

Por lo tanto, la generalidad del significado de la columna en esa casa es solo el mero nombre "columna" que es etiquetado sobre la totalidad de las cuatro. Quedando satisfecho con la noción de "meramente etiquetado por el nombre" uno debería aprehender las cosas de otro modo, nada podrás encontrar cuando lo buscas. Por consiguiente son llamados "existen de modo imputado", lo que es solo un nombre. Así ocurre con todas las cosas[34].

Presentar la aclaración de dudas respecto a otros puntos tanto en la estabilidad meditativa como en el logro subsiguiente.

Algunas personas, como aquellos que compusieron el texto anterior y posterior, relativos a este sistema, al decir que todas las consciencias de los seres ordinarios son equivocadas, en el sentido de que lo que sea que aparezca a la consciencia de los seres ordinarios aparece como si existiera de modo inherente o sustancial, afirman un modo -en cuanto al objeto de negación, la existencia intrínseca que aparece- que es diferente del modo presente en que aparece, algo como un cuerno recto. Y esto se debe a su incapacidad de poder decir "lo que aparece a nuestra consciencia de seres ordinarios no existe como aparece". Por lo tanto es un error.

Piensa bien en el modo en que el Glorioso Chandrakirti objeta a la afirmación de la escuela madhyamika svatantrika, ¡de que la forma y demás son establecidas debido a que aparecen ante una consciencia no engañosa![35]

Sin embargo, debemos saber que las cinco consciencias sensoriales de los seres ordinarios son equivocadas, dado que sus objetos respectivos aparecen ante ellas como si pudieran autosostenerse, a pesar de que no pueden; pero son válidas respecto a la apariencia de aquellos cinco siendo establecidos por sus propias características; por esta razón son postuladas como conocedores válidos que pueden aprehender cosas a nivel relativo.

Además, muchas personas piensan: "Se enseña que no se debe negar la persona, sino su existencia intrínseca". Entonces ellos en estabilidad meditativa tratan de negar una persona mentalmente inventada que sea intrínsecamente existente mientras dejan la persona real como concreta. Esto no sería factible en modo alguno y sería el extremo del eternalismo. Hay mucho más que decir pero me temo que sería demasiado, he preferido dejarlo aquí.

Lo que viene a continuación es una presentación del modo en el que el sendero correcto libre de los extremos del eternalismo y el nihilismo se manifiesta al meditar:

Cuando llegue el momento en que puedas percibir simultáneamente 1) la apariencia de las cosas sin que esto cause que su vacío se aparte de tu mente, y 2) su vacío sin que en tu mente dejen de surgir las apariencias, has manifestado directamente el sendero excelente que lo percibe todo desde el punto integrado del vacío y la relación dependiente como sinónimos.

De modo similar, el Venerable Omnisciente, Lama Tsongkhapa en sus *Tres Aspectos Principales del Camino* dice:

No habrás comprendido el pensamiento de los Sabios
mientras estas dos ideas te parezcan dispares:
La apariencia de las cosas –la infalible interdependencia–;
La vacuidad –más allá de posicionarse–

A partir de un punto, dejan de alternarse, vienen juntas.
El solo hecho de ver que la interdependencia
nunca falla, te lleva a una comprensión capaz de
destruir la manera en que te aferras a los objetos.
Así, tu análisis basado en la visión es completo.

Asimismo Chandrakirti en el capítulo seis de su *Guía al Camino Medio* dice:

De este modo, aunque todas las cosas son vacías,
se generan desde ese vacío.
Y puesto que las dos verdades carecen de existencia
intrínseca ni son estáticas ni aniquiladas. (38)

Es fácil comprender cómo Nagarjuna en su *Conjunto de Oraciones* dice:

Conocer las cosas como mero vacío y conocer el
hecho de que causas y resultados son factibles,
es lo más asombroso entre lo asombroso y
lo más excelente entre lo excelente.

Cabalgando sobre el caballo de la Permanencia Apacible y experimentando el Mahamudra de este modo, siempre que alcances la concentración combinada con el gozo que surge de adiestrarse durante largo tiempo en la flexibilidad física y mental, por el poder analítico que observa la vacuidad, logras el nivel "cálido" del sendero de preparación[36].

Algunos de los anteriores Maestros kagyupa presentaban el camino del Mahamudra con la etiqueta de "los cuatro yogas".

1. El Yoga unipuntualizado que surge al observar la mente unipuntualizadamente.
2. El Yoga libre de elaboración que surge al comprender que la mente es libre de elaboración.

3. El Yoga de igual sabor que surge de comprender que la apariencia y la mente tienen un solo sabor.
4. El Yoga inmeditable dado que no puede ser meditado por el Yoga con signos.

Según el Ven. Gotsangpa, los límites son que el primero es aceptado como la entidad que surge del nivel de aplicar la creencia en el sendero de preparación. El segundo como la del sendero de la visión. El tercero como la que abarca desde el segundo nivel del bodhisatva hasta el séptimo. Y la cuarta que abarca el resto de niveles puros y demás[37].

Shang Rimpoché dijo:

El propio Mahamudra es suficiente.
Enumerar los niveles y senderos en él
debido a la ignorancia es un error.
Sin embargo, para complacer a los ignorantes
enumeraré los niveles y senderos del vehículo de
la definición aquí como algo equivalente.

El modo de enumerarlo es el mismo que el del Ven. Gotsangpa.

En cuanto a la objeción de algunos seguidores de las escrituras que dicen: "Ubicar el Yoga libre de elaboración como la primera base o nivel no es factible, porque no existen los doce grupos de cien cualidades en el logro subsiguiente". Shang Rimpoché dice:

El poder del Garuda ya está desarrollado dentro
de la cáscara del huevo.
Cuando se libera de la cáscara del huevo, vuela y
goza del cielo.
Las cualidades de los cuerpos sagrados están
completas en el interior de la mente.

Cuando el cuerpo ilusorio se desintegre,
el beneficio altruista amanecerá.

La palabra de Lokenatha dice:

Si encuentras una autoridad en las escrituras que confirme
la impregnación te daré un caballo. Se dijo que lo que se
menciona en el *Dashabhumisutra* es desde el punto de vista
de un próximo renacimiento.

Creo que la palabra es uno de aquellos que tiene propó-
sitos. Existe también una palabra como una respuesta a la
cuestión de *Cien Mil Cielos Vikshu*:

Estas tradiciones del Mahamudra pertenecientes a las es-
cuelas drigung kagyu y tagtsang kagyu existen sin concordar
con ninguna cesta del Tantra o del Dharma. Esto se debe a
que no son un sendero correcto. ¡Intenta que estas palabras
no se propaguen a otros!

Sin embargo, las acciones y las biografías de los seres
superiores están más allá del entendimiento de los seres ordinarios. Y las faltas que se cometen en relación al Dharma y
los seres sagrados son insoportables. Por tanto, yo, Panchen
Lama Losang Choky Gyaltsen, te pido que abandones la
fuerte hostilidad del sectarismo y que prevalezca todo con
la joya luminosa de la visión pura.

Dedicación de los Méritos

La dedicación de la virtud

El logro de los dos cuerpos unificados de un Buda surge de la práctica conjunta de la sabiduría y el método. Esto viene del hecho de que todos los objetos poseen los dos niveles de verdad, vacuidad y apariencia.

Estas palabras han sido escritas por el meditador renunciante Losang Choky Gyaltsen, que ha escuchado muchas enseñanzas. Por su mérito positivo, puedan todos los seres rápidamente convertirse en Budas mediante este sendero de la mente, aparte del cual no existe una segunda puerta de entrada al estado de serenidad.

Este es el modo pues de completar la composición y yo dedico la virtud de la composición para que los trasmigradores venzan en la batalla de los dos oscurecimientos.

La oración de conclusión

La suprema esencia de batir el océano del Sutra y el Tantra, un punto esencial donde todos los eruditos y adeptos en la India y el Tíbet ponen atención, un camino por el que todos los supremos Mahasidhas han pasado, el sol que es la doctrina del Mahamudra, hoy ha surgido.

Los seres encarnados, dirigidos mentalmente por las enloquecedoras aguas del error que es la ignorancia, están atrapados en el terrorífico vínculo de la prisión del samsara y están afectados por los tres tipos de sufrimientos.

El Mahamudra para ellos es un parque gozoso, un lugar donde morar y descansar.

Un sistema aceptado por los seres santos. Es un ojo que representa el noble sendero para todos y cada uno de los transmigradores. Aquello que crea la clara, indivisible y hermosa forma del Mahamudra es el único espejo de joyas.

El Mahamudra es también un Gurú que instruye en un noble camino sin error a muchos de los afortunados que cortan las cadenas que los atan a los ocho dharmas mundanos en esta vida y disfrutan la felicidad del samadhi tanto como desean en un lugar solitario.

Dedico cualquier acumulación de virtud -tan blanca como un lirio abierto por los rayos de la luna- que haya acumulado por el esfuerzo puesto de este modo para conseguir la Iluminación y así poder liberar a las madres.

Por este poder, que la noble copa de la mente de todos los transmigradores se llene de la ambrosía del Mahamudra unificado del Sutra y del Tantra excelentemente escrito, y puedan disfrutar el gran gozo de la eterna unificación.

Este autocomentario llamado *La Lámpara que Ilumina*, es una explicación extensa del Texto Raíz del Mahamudra llamado *El Camino Principal de los Victoriosos* de las preciosas tradiciones guelug y kagyu. Lo he escrito yo, el renunciante Losang Choky Gyaltsen que ha alcanzado de manera rápida la otra orilla del océano del Mahamudra de cada tradición, en la academia, la gran universidad de Tashi Lhunpo. Lo hice después de una insistente súplica de Gedün Gyaltsen, mi propio discípulo que logró la comprensión respecto a este camino del Mahamudra y que la tomó como práctica esencial y mantuvo el grado monástico de Infinitamente Sabio Erudito de los Diez Campos de Conocimiento. Me hizo correctamente una ofrenda de flores, que es la práctica del Mahamudra sin ser manchada por la cáscara de los ocho dharmas mundanos, y me suplicó:

> Necesitamos un comentario extenso tuyo, de tu Raíz,
> un comentario que contenga la esencia clara y
> resumida del significado que tiene que ser practicado,
> en relación a la autoridad válida de las escrituras y al
> razonamiento, y que esté adornado con una
> instrucción del Linaje Susurrado.

Por la composición de este autocomentario pueda también convertirme en una bandera para la preciosa doctrina, para que no se mezcle.

Oración de dedicación especial

Lo que viene a continuación es una oración de dedicación compuesta por Khribyang Rimpoché, el tutor de Su Santidad, por Tsaba Thubten Hoeser (Rayos de Luz de la Doctrina del Muni) del monasterio Drepung Losel Ling, teniendo una fuerte fe, quien publicó la santa palabra de Panchen Lama Losang Choky Gyaltsen, una instrucción completa sobre la tradición guelug y kagyu del Mahamudra, tanto el texto raíz y su autocomentario así como la Oración Requerida de los gurús del Linaje del Mahamudra.

Om Svasti

**El inmutable Mahamudra libre de elaboración
manifiesto como una ilusión, un autodespliegue
con los signos y ejemplos.
Las ondas que relucen con el vajra del espacio
que lo impregnan todo se desvanecen en los
átomos del océano supremo y los sidhis comunes.**

Esta luz iluminada de buena explicación, que es

profunda y extensa, que abre correctamente el
camino que comprende la talidad de la mente sin
artificio como esencia del Linaje Susurrado de la
Noble Mente, Tsong Khapa, se glorifica como un
arma que destruye la gran oscuridad de toda
confusión.

Para aclarar el campo de la doctrina de los
Victoriosos, al modo del Muni, la luz blanca
(Luna) del pensamiento extraordinario
posee miles de rayos que forman excelentemente
una base de publicación, una luz inextinguible de
la generosidad del Dharma, que es como un cielo
espacioso.

Por el poder de esto, pueda yo ser liberado por el
incomparable Mahamudra que, objetivamente es
una apariencia, la claridad y la cognición de
la mente relativa,
y subjetivamente la saludable fuerza de una cognición
gozosa de estabilidad meditativa
[samadhana] que sigue al hermoso y último
dharmadhatu [la esfera de los fenómenos].

Puedan los transmigradores alcanzar el supremo
Mahamudra que es una esfera de la gran vacuidad, libre
del funcionamiento de las concepciones indicativas,
Una clara y lúcida luz clara primordial caracterizada por
gran gozo
Un gozoso cuerpo vajra puro que posee los cinco
atributos.

Por la magnificencia de mi desarrollo, como
amigo que se regocija de todos los afortunados
según el Dharma correcto que está libre de la mancha
del error, pueda la oscuridad que es el deterioro de la
imparcialidad ser expulsada.

Pueda un loto de beneficios y felicidad florecer con cien pétalos.

Yo, el Ven. Losang Dorje de Dotoe Dung Gon, animé a publicar este mismo texto raíz y el autocomentario. Las planchas de madera fueron ofrecidas con fe por Tenzin Norbu de Dejong Lachungpa Lhubdong. Esta impresión fue publicada en Gangtog [India] en 1968 por Penpa Norbu Sherpa, residente de Phatamchen.

El Texto Raíz del Mahamudra para las Preciosas Tradiciones Guelug y Kagyu:

El Sendero Principal de los Victoriosos

Namo Mahamudraya:

Homenaje al Mahamudra, el gran sello.

Respetuosamente me postro a los pies de mi incomparable Gurú, Señor de aquello que lo impregna todo, Maestro de los que tienen realizaciones espirituales, que expone la profunda naturaleza de todas las cosas, el gran sello, inseparable de la esfera *vajra* de la mente que está más allá de las palabras.

Escribiré algunos consejos relativos al Mahamudra de las tradiciones guelug y kagyu, que derivan del fraternal pionero Dharmavajra, un mahasidha con auténticas y supremas realizaciones espirituales, y su hijo espiritual, que condensa la esencia de los océanos de la instrucción oral relativa al Sutra y al Tantra.

Para ello hay prácticas preliminares, la técnica, y la conclusión. En cuanto a la primera, para tener una puerta de entrada a las enseñanzas budistas y la viga central del mahayana, te pido que tomes refugio y generes la bodhichita.

No permitas que esto sean solo palabras que salen de tu boca. Puesto que ver la naturaleza real de la mente depende de la acumulación de méritos y la purificación de obstáculos mentales, repite en primer lugar el mantra de cien sílabas cien mil veces.

Y tantos cientos de postraciones como te sea posible, mientras recitas *La Confesión de las Caídas*. Y luego, haz repetidas peticiones desde el corazón a tu Gurú raíz, inseparable de todos los Budas de los tres tiempos.

En cuanto al gran sello en sí mismo, a pesar de que hay muchos modos de acercarse al Mahamudra, hay dos cuando se divide según el Sutra y el Tantra. Este último, es la excelsa y gozosa luz clara de la mente que se manifiesta

Gracias a medios hábiles tales como penetrar los puntos vitales del cuerpo vajra sutil y demás. El Mahamudra de las tradiciones de Saraha, Nagarjuna, Naropa y Maitripa.

Es la quintaesencia del anutarayoga tantra como se ha dicho en *Los Siete Textos de los Mahasiddhas y Los Tres Volúmenes Esenciales* (Skt: doha). El primero se refiere a los modos de meditar en el vacío como se indica directamente en los extensos, intermedios y breves sutras de la Prajñaparamita.

El sumamente realizado Arya Nagarjuna dijo: "A excepción de éste, no hay otro camino a la liberación". Aquí daré la instrucción del Mahamudra de acuerdo con sus intenciones.

Y mencionaré la técnica de introducir la mente como fue enseñada por los Gurús que detentan el linaje. Desde el punto de vista de los nombres que individualmente se les asignan hay numerosas tradiciones, como la de la acción simultánea, la caja del amuleto, las cinco posesiones, las seis esferas del mismo sabor, las cuatro sílabas, el pacificador, el objeto a refutar, el dzogchen, el comentario que orienta sobre la visión del camino medio, y demás. Sin embargo, cuando un yogui versado en las escrituras y la lógica, examina meticulosamente y experimenta en meditación sus significados definitivos percibe que todos pretenden llegar al mismo punto. De las dos técnicas principales de la tradición del Mahamudra del Sutra, la que busca meditar en la mente además de haber obtenido una visión correcta de la realidad, y la que busca una visión correcta además de haber meditado en la mente, yo lo voy a explicar aquí según esta última técnica. En un asiento que dirija a la estabilidad mental adopta la postura corporal de siete puntos, y purifica mediante la meditación de la respiración en nueve rondas. Purifica profundamente tu estado mental y después, con una mente completamente positiva haz primero la toma de refugio y la generación de la bodhichita.

Medita a continuación en un profundo camino de Gurú yoga y, tras hacer cientos de enérgicas y fervientes peticiones, disuelve dentro de ti a tu Gurú visualizado. Absórbete un momento en este estado en el que las apariencias han desaparecido.

Permanece sin pensamientos, expectativas o preocupaciones. Sin embargo, esto no quiere decir que ceses toda atención, como si te fueras a desmayar o a quedarte dormido.

Más bien deberías atar tu atención a este poste para que no se distraiga, y usar la vigilancia que es consciente de cualquier movimiento mental. Con firmeza afina tu atención y observa con simplicidad la mente cuya naturaleza es cognición y claridad.

En el caso de que surjan pensamientos en tu mente simplemente reconócelos, o como un duelo entre rivales, córtalos inmediatamente, tan pronto como aparezcan.

Una vez hayas terminado con ellos, y tu mente sea estable, sin perder la atención, afloja y relaja su intensidad. Como se ha dicho "Afloja y relaja su firme intensidad y ahí tienes el estado mental estable".

Y en otra parte, "Cuando la mente atrapada en un enredo es relajada, se libera a sí misma, sin ninguna duda".

Igual que se indica en estas afirmaciones, relaja pero sin deambular. Cuando observas la naturaleza de cualquier pensamiento que aparezca, automáticamente se desvanece por sí mismo dando lugar a una mera ausencia. Del mismo modo, si analizas la naturaleza de la mente cuando es estable, una mera ausencia de obstáculo y claridad aparece vívida. Y la mente estable y la que se mueve se mezclan. Así, no importa los pensamientos que surjan deberías reconocerlos como un movimiento de la mente, y sin bloquearlos establece tu mente en su estado natural.

Es como el ejemplo del vuelo de un pájaro confinado en una embarcación. Como se ha dicho, "igual que un cuervo, que habiendo echado a volar desde un barco, tras dar vueltas en todas direcciones debe volver a posarse en él…"

Cultivando métodos como éstos, experimentas la naturaleza de la mente absorta como lucidez y claridad no obstructoras.

No es establecida como cualquier forma o fenómeno físico, es la mera ausencia que, como el espacio, permite que todo surja y sea vívido. Esa naturaleza de la mente, debe ser, de hecho, percibida directamente por la visión superior, pero no puede ser verbalmente indicada o aprehendida como "esto". Por lo tanto deja ir continuamente cualquier cosa que surja, sin aferramiento.

La mayoría de los meditadores de las montañas nevadas hoy en día son de una sola opinión al decir que esta es una directriz que indica cómo lograr el estado de la Budeidad. De hecho esto es cierto y, yo, Choky Gyaltsen, afirmo que esta técnica es un maravilloso medio hábil para que los principiantes logren estabilizar su mente y es un camino que te lleva a reconocer únicamente la naturaleza relativa de la mente, En cuanto al modo de introducir la verdadera y más profunda naturaleza de la mente, empezaré ahora con las instrucciones personales de mi Gurú raíz, Sangye Yeshe, quien, como indica literalmente su nombre, es la personificación de la sublime sabiduría de los Budas, bajo el aspecto de un monje vestido de azafrán. Él ha eliminado la oscuridad que cubría por completo mi mente.

Mientras permaneces en un estado de estabilidad como antes, igual que un diminuto pez, que resplandece en un estanque claro y no lo perturba, con inteligencia examina la naturaleza de la persona que está meditando.

El Refugio, el propio Arya Nagarjuna en su *Guirnalda Preciosa* 80. abcd dijo:

"Si el yo no es la tierra, ni el agua,
ni el fuego, ni el aire ni el espacio,
ni la consciencia, ni todos ellos, entonces,
¿qué otro yo puede haber aparte de ellos?

Y, del mismo modo que la persona no es sólida porque ella es lo que puede ser etiquetado sobre el conjunto de estos seis elementos[31], del mismo modo, ninguno de esos seis elementos son sólidos porque cada uno es lo que puede ser etiquetado sobre el conjunto de sus partes.

Cuando buscas las cosas, como se ha dicho, ni siquiera un solo átomo de estabilidad, ni de aquel que está estable y demás, se encuentra. En ese momento, lleva a cabo la concentración parecida al espacio, sin distracción alguna.

Alternativamente, mientras sigues en un estado de estabilidad, examina que la mente no existe como forma física alguna, una ausencia de obstrucción total que permite una variedad de apariencias cognitivas, y que es claridad y capacidad de conocer, libre de obstáculos, que interacciona con los objetos sin discontinuidad. Parece no depender de otra cosa. Pero en cuanto al objeto con el que se implica la mente que lo aprehende como si existiera tal y como aparece, nuestro protector Shantideva, ha dicho:

"Los así llamados continuo y conjunto no son lo que parecen como en el caso de un rosario, una guerra y demás". Basándote en la autoridad de las escrituras y razonamientos como estos, absórbete en el hecho de que "nada existe como aparece".

En resumen, como ha dicho mi virtuoso amigo espiritual, Sangye Yeshe, omnisciente en el verdadero sentido: "Cuando, sin importar lo que surja, seas plenamente consciente de que esa apariencia es simplemente lo que puede ser aprehendido por el pensamiento conceptual, la esfera última del fenómeno aparecerá sin depender de nada más. Entonces, tu consciencia se sumerge en ello con una concentración unipuntualizada; es asombroso, ¡Ema Ho!

De modo similar Padampa Sangye también ha dicho:

"Desde el estado de vacuidad, empuñarás la lanza de la consciencia pura. Pueblo de Tingri, la visión correcta de la realidad que está libre de ser capturada absolutamente por nada".

Al final de tu sesión de meditación dedica cualquier virtud positiva que hayas acumulado al meditar en el Mahamudra, así como tu acumulación general de virtud de los tres tiempos similar a un océano, para el logro del inmaculado estado de la Iluminación.

Habiéndote familiarizado de este modo en el uso de la visión correcta, cuando posteriormente investigas cómo aparecen a tu mente los objetos de cualquiera de tus seis consciencias, su mero modo de existencia queda al descubierto de un modo radiante.

Reconocer cualquier cosa que surja en tu mente de ese modo, es el punto esencial de una visión correcta. En resumen, no te aferres a que las cosas, cualquier cosa que surja ante tu mente, existen del modo en que aparecen.

Hazlo manteniéndote firme en lo que respecta a su verdadero modo de existencia. Cuando reconoces una cosa así, comprendes que todos los fenómenos del samsara o Nirvana tienen una única naturaleza. Aryadeva ha confirmado este punto:

"Si ves la naturaleza final de una cosa
ves la naturaleza final de todas.
El vacío de una cosa es el vacío de todas las cosas".

En el rostro de la absorción completa en la verdadera naturaleza de la realidad solo hay la ausencia de existencia intrínseca, del modo adecuado, -existencia, no existencia y demás- con respecto a samsara y Nirvana, libre del extremo que es la elaboración de existencia intrínseca.

No obstante, al levantarte, cuando investigas, ves que tu mente todavía da lugar a la apariencia de las cosas que surgen de modo dependiente, que funcionan y que *solo* pueden existir como aquello que etiquetas con nombres.

Aún así surgen naturalmente como un sueño, un espejismo, el reflejo de la luna en el agua, una ilusión.

Cuando llegue el momento en que puedas percibir simultáneamente 1) la apariencia de las cosas sin que esto cause que su vacío se aparte de tu mente, y 2) su vacío sin que en tu mente dejen de surgir las apariencias, has manifestado directamente el sendero excelente que lo percibe todo desde el punto integrado del vacío y la relación dependiente como sinónimos.

El logro de los dos cuerpos unificados de un Buda surge de la práctica conjunta de la sabiduría y el método. Esto viene del hecho de que todos los objetos poseen los dos niveles de verdad, vacuidad y apariencia.

Estas palabras han sido escritas por el meditador renunciante Lozang Choky Gyaltsen, que ha escuchado muchas enseñanzas. Por su mérito positivo, puedan todos los seres rápidamente convertirse en budas mediante este sendero de la mente, aparte del cual no existe una segunda puerta de entrada al estado de serenidad.

Este es el modo pues de completar la composición y yo dedico la virtud de la composición para que los trasmigradores venzan en la batalla de los dos oscurecimientos.

La oración de conclusión

La suprema esencia de batir el océano del Sutra y el Tantra, un punto esencial donde todos los eruditos y adeptos en la India y el Tíbet ponen atención, un camino por el que todos los supremos Mahasidhas han pasado, el sol que es la doctrina del Mahamudra, hoy ha surgido.

Los seres encarnados, dirigidos mentalmente por las enloquecedoras aguas del error que es la ignorancia, están atrapados en el terrorífico vínculo de la prisión del samsara y están afectados por los tres tipos de sufrimientos. El Mahamudra para ellos es un parque gozoso, un lugar donde morar y descansar.

Un sistema aceptado por los seres santos. Es un ojo que representa el noble sendero para todos y cada uno de los transmigradores. Aquello que crea la clara, indivisible y hermosa forma del Mahamudra es el único espejo de joyas.

El Mahamudra es también un Gurú que instruye en un noble camino sin error a muchos de los afortunados que cortan las cadenas que los atan a los ocho dharmas mundanos en esta vida y disfrutan la felicidad del samadhi tanto como desean en un lugar solitario.

Dedico cualquier acumulación de virtud -tan blanca como un lirio abierto por los rayos de la luna- que haya acumulado por el esfuerzo puesto de este modo para conseguir la Iluminación y así poder liberar a las madres.

Por este poder, que la noble copa de la mente de todos

los transmigradores se llene de la ambrosía del Mahamudra unificado del Sutra y del Tantra excelentemente escrito, y puedan disfrutar el gran gozo de la eterna unificación.

He compuesto este texto de introducción al Mahamudra debido a las repetidas súplicas hechas por Gedun Gyaltsen que tiene el grado monástico de Erudito Infinitamente cultivado en los Diez Campos de Conocimiento, y de Sherab Senge de Hathong, que sostiene el grado monástico de Maestro de los Diez Textos Difíciles. Ellos han comprendido que los ocho dharmas mundanos son un drama y una locura y ahora viven en soledad, apartados, siguiendo una forma de vida sabia y han cogido este sendero de la mente como su práctica esencial. Muchos otros de mis discípulos que desean verdaderamente practicar el Mahamudra también me han pedido este texto.

He compuesto este texto ahora puesto que el Victorioso Ensapa, el omnisciente Maestro de Nobles, dijo en una de sus canciones de experiencia instuirse a sí mismo y a otros, "He escrito explicaciones de Lam Rim —el sendero gradual de la tradición kadam- desde la devoción al Gurú hasta samatha y vipasana. Pero no me he comprometido a escribir las instrucciones últimas del Mahamudra que no está incluido en los senderos mentales mencionados y que no es muy conocido en el presente a aquellos en la Tierra de las Nieves"

En consecuencia, lo que no estaba escrito entonces debido a la necesidad de la restricción se tenía que escribir más tarde. Fuentes de las escrituras establecen esto, por ejemplo el *Sutra del Loto:*

Puesto que debe ser realizado completamente por el
Buda de sabiduría suprema (Sangye Yeshe),
Nunca podrías decir a aquellos que lo escriban
Prematuramente, "Tú te iluminarás"
Si preguntas por qué es porque el objeto de refugio ha

pensado el momento adecuado.

Por tanto, en orden a que estas profecías se hagan reales yo, el meditador renunciante, Losang Choky Gyaltsen – que me he encontrado en el linaje donde la continuidad de las bendiciones de aquellos que han practicado directamente este sendero de la mente, desde el Incomprable Maestro, el Rey de los Sakyas, hasta mi Gurú raíz, el omnisciente Sangye Yeshe, no ha degenerado y donde el samaya de esta práctica no es adulterado y que sostienen las instrucciones orales de los sutras y los tantras he compilado esto en el Monasterio de Ganden.

Notas para una mejor comprensión del texto

Por Isidro Gordi

1. *La esfera vajra de la mente.* Desde el punto de vista del sutra se refiere a la entidad que forman el vacío, como objeto, y la mente como sujeto, inseparables. Los dos forman la entidad *inseparable de la esfera vajra,* totalmente libres de apariencia dualista. La *esfera vajra de la mente* también se refiere a la naturaleza engañosa de la mente, su claridad y capacidad de conocer, y a su naturaleza última, el vacío de la mente. La unión del sujeto, la mente, y el objeto, su propio vacío.

Desde el punto de vista tántrico, *la esfera vajra de la mente* alude a la unión del gozo y el vacío, en otras palabras, la mente de la luz clara.

En ambos casos, Sutra o Tantra, el propósito es meditar en el vacío; la diferencia yace en los métodos usados por uno y otro sistema para conseguirlo.

2. *Dharmavajra, un mahasidha.* Conocido en el Tíbet como Choky Dordge, era un Maestro altamente realizado que solía tener visiones directas del mismo Lama Tsong Khapa y que pasó esta transmisión al gran Lama Ensapa. Éste la paso a Sangye Yeshe, Maestro en esta práctica del Primer Panchen Lama, Lobsang Choky Gyaltsen.

3. *Instrucción oral relativa al Sutra*. Sutras aquí se refiere a los *Sutras de la Perfección de la Sabiduría*, (skt. *Prajñaparamita*) ya que el texto describe el acercamiento al vacío según la enseñanza del Sutra, con el propósito de dirigir al practicante al sendero del Tantra.

4. *Hay dos cuando se divide según el Sutra y el Tantra*. Esta división no se refiere al objeto en el que se medita en el Mahamudra -el vacío-, sino al sujeto. En el caso del Sutra, se usa la mente ordinaria, o burda, mientras que en el Tantra se usa el nivel más sutil y gozoso de la mente: la luz clara. Tantras se refiere específicamente al rey de todos ellos, el Tantra de Guhyasamaja.

5. *Penetrar los puntos vitales del cuerpo vajra sutil y demás*. Uno de los métodos para despertar la mente gozosa y sutil de la luz clara es manipulando el cuerpo sutil, también conocido como "cuerpo vajra".

En su nivel más burdo, la persona consta de los seis elementos: tierra, agua, fuego, aire, espacio y consciencia. A un nivel más sutil, su cuerpo vajra consta de tres elementos primordiales: canales, aires o pranas y gotas.

Mediante el uso y la canalización de estas energías sutiles es posible despertar la mente innata de la luz clara, la mente más sutil, la que viene con nosotros desde el sin principio, la que sin ser adiestrada producirá más renacimientos samsáricos, y la que una vez bien adiestrada producirá el estado de Buda.

La luz clara está siempre presente en nosotros, no obstante nos pasa desapercibida y nos resulta imposible hacer uso de ella. La actividad de nuestra mente burda -pensamientos conceptuales y demás- nos impide contactar con ese nivel de la mente. Para poder acceder a dicho nivel, la luz clara, es preciso desactivar y apartarse de los estados mentales burdos y sutiles. Por este motivo, tantras como Guhyasamaja,

Heruka y Vajra Yoguini trabajan el cuerpo vajra o estado de consumación.

No obstante, antes de trabajar directamente con el cuerpo vajra, el practicante debe adiestrarse en el estado de generación, en el que uno se identifica con el yidam o deidad en la que ha sido iniciado. Esta práctica prepara el camino para entrar después en el estado de consumación, relacionado con el cuerpo vajra.

6. *Breves sutras de la Prajñaparamita.* Se refiere a los *Sutras de la Perfección de la Sabiduría* extenso, medio y menor. El primero consta de cien mil slokas, el segundo de veinticinco mil, y el tercero de ocho mil. La esencia de todos ellos se encuentra en el famoso *Sutra del Corazón*[4]. Nagarjuna señala que no hay otro sendero a la liberación aparte de éste. Es así porque desconocemos la verdadera naturaleza de la realidad debido a que proyectamos sobre ella un modo de existencia contraria al modo en que ésta existe. *Percibimos* las cosas como si ellas existieran de su propio lado, de modo inherente, sustancial, por definición, y no solo esto sino que además las *concebimos* así. Este doble proceso es lo que técnicamente se conoce como la ignorancia que se aferra a la existencia esencial o intrínseca y que es la raíz del samsara. La sabiduría que pretende despertar la meditación Mahamudra, en cambio, procura aprehender que las cosas no existen de ese modo. Y así actúa como único antídoto directo a la ignorancia. La ignorancia se sostiene en base a una cognición errónea y un objeto falso, mientras que la sabiduría se apoya en una cognición válida y correcta y en un objeto correcto o existente.

7. *De acuerdo con sus intenciones.* Deambular por el samsara o experimentar la budeidad viene determinado por si

---

4   Ver *Ecos del Silencio Infinito*, publicado por Ediciones Amara. www.ediciones-amara.net

vemos o no la vacuidad de nuestra mente. En consecuencia es muy importante experimentarla. Aryadeva en *La Lámpara del Compendio de las Prácticas* señaló:

> Lograr el Mahamudra entraña métodos para meditar
> en la mente y su naturaleza vacía.

8. *Como fue enseñada por los Gurús que detentan el linaje.* A lo largo de la historia se han ido desarrollando diversas tradiciones para despertar la experiencia de la verdadera naturaleza de la mente, y específicamente la del nivel más sutil de mente o luz clara. Todos empiezan en la figura de elevados y realizados yoguis, y cada uno de ellos ha entendido las palabras del texto raíz del Mahamudra de modo ligeramente distinto según su experiencia meditativa personal; no obstante, su sentido final es el mismo en todos ellos.

9. *La acción simultánea* fue establecida por Gampopa, discípulo de Milarepa, que enseñaba a sus discípulos los Seis Yogas de Naropa. Específicamente trataba de despertar el gozo simultáneo de la luz clara.

10. *La tradición de la caja del amuleto* fue establecida por Kedrub Kyungpo, donde se origina la tradición Shangpa Kagyu. Aquí se enseña la base preliminar, que es la mente que llega de modo automático a su propio nivel bajo sus tres aspectos. La mente disuelve en ella misma los tres errores y el resultado es la obtención de los tres cuerpos de un Buda.

11. *La tradición de las cuatro sílabas* se refiere a *a m ana si*, palabra sánscrita que significa "no llevarse a la mente".

12. *La tradición del pacificador* del yogui Padampa Sangye deriva de una cita de las escrituras: "La visión pura pacifica todo el sufrimiento".

13. *Tsangpa Gyare* fue el fundador de la escuela Drugpa Kagyu. Jigten Gönpo es el principal Maestro de la escuela Drikung. Esta práctica enfatiza enormemente la devoción y el respeto al Gurú.

14. *Los siete puntos* de la posición meditativa son:

1) Las piernas deben estar cruzadas, si es posible. Esto nos ayuda a reducir pensamientos.

2) La mano derecha se coloca sobre la izquierda, con las palmas hacia arriba, los dedos pulgares se tocan suavemente. Las manos están cuatro dedos por debajo del ombligo. La mano derecha simboliza el método y la izquierda la sabiduría. Juntas simbolizan la unión del método y la sabiduría. Desde la perspectiva tántrica los dos dedos pulgares al nivel del ombligo representan el calor del fuego interno (tib. *tummo*).

3) La espalda erguida, pero a la vez relajada. Esto mantiene la mente clara y permite que fluyan adecuadamente los aires internos.

4) Los labios y dientes han de situarse de forma natural. La lengua se coloca de manera que toque la parte posterior de los dientes frontales superiores. Previene la excesiva salivación.

5) La cabeza inclinada ligeramente hacia delante, pero con la barbilla un poco hacia dentro, de modo que los ojos queden mirando hacia abajo. Esto previene la excitación en la mente.

6) Los ojos entreabiertos, ni abiertos del todo ni cerrados, y mirando hacia abajo. Si los dejas abiertos producirá distracción; si los cierras del todo, hundimiento. Este es el consejo general aunque en la práctica del Mahamudra se aconseja dejarlos abiertos.

7) Los hombros nivelados y los codos un poco separados del tronco para que circule el aire.

15. *La respiración en nueve rondas* que se describe a continuación elimina distracciones, y se usa como preliminar en avanzadas prácticas tántricas.

Una vez sentados en la postura de siete puntos recién descrita, nos centramos en la respiración contando de la siguiente manera: inspiramos y espiramos tres veces por el orificio nasal derecho, tres por el orificio nasal izquierdo y tres más por ambos orificios. Al inspirar por el orificio nasal derecho, bloqueamos el izquierdo con el índice de la mano derecha. Cuando inspiramos por el izquierdo, bloqueamos el orificio nasal derecho. Cuando inspiramos por ambos orificios, colocamos las manos en nuestro regazo, a la altura del ombligo, una encima de la otra.

En cada espiración podemos imaginar que todas las mentes negativas, las enfermedades y los obstáculos salen al exterior y desaparecen en el espacio. En cada inspiración pensamos que toda la energía positiva y todas las bendiciones entran en nuestro interior.

Según instrucción directa de mi Maestro, el Ven. Gueshe Tamding Gyatso, una manera de tratar las diferentes distracciones que aparecen en la meditación es considerar la mente como si fuese el mar, y las distracciones como burbujas que ascienden a la superficie y desaparecen en ella. Aferrarse a las distracciones las alimenta y las perpetúa. Es mejor dejar que, de manera natural, se desvanezcan, ya que las concepciones molestas enturbian la claridad de la mente.

16. *Gurú Yoga*. Cada tradición tiene sus propias prácticas para hacer el Gurú Yoga. En la tradición guelupa se suele usar Ganden Lagyema o Lama Chopa.

En la práctica del Gurú Yoga se hacen súplicas insistentes con gran fe. Después imaginamos que el aspecto visualizado en el que hemos imaginado a nuestro Maestro delante de nosotros desciende hasta colocarse en nuestro *chakra* del corazón. El estado resultante es muy propicio para empezar la práctica Mahamudra de enfocarnos en la mente, ya que ella se ha energetizado y se ha vuelto gozosa. Es preciso mantener este estado de unión con el Gurú y no dejarse llevar por pensamientos conceptuales -los que sean-, limitándose a permanecer en ese estado gozoso y apacible resultante, indiferente a cualquier acontecimiento circundante.

Cuando te unes con el Gurú se cortan las apariencias ordinarias ya que la mente se aparta de las apariencias y conceptos burdos que le acompañan y, de este modo, tienes acceso a un nivel más sutil de lo habitual. Desde aquí permaneces en este estado, sin alterarlo.

17. *La atención* es imprescindible para familiarizarnos con el objeto de meditación elegido. En el caso del Mahamudra, es la naturaleza engañosa y última de la mente. La atención es la fuerza vital de la meditación; es la cuerda que te permite sostener el objeto, que vendría a ser como un poste. En los textos del *lo rig* (mente y cognición) se suele caracterizar la atención como un factor mental poseedor de tres funciones:

1) No olvida el objeto. Es decir, mantiene una familiaridad constante o memoria con aquello que ha sido visto o conocido.
2) Lo sostiene firmemente, impidiendo que la mente lo olvide.
3) Elimina distracciones.

18. *La vigilancia* es otro factor mental y es resultado de la atención. Actúa como una especie de espía, y tiene la función de investigar si la mente está bien atenta y concentrada. La atención y la vigilancia son los dos factores que dan a luz a la concentración de la Permanencia Apacible.

19. *Cognición y claridad.* Esta es la definición de la men-

te, y su naturaleza relativa. Identificarla y reconocerla es la primera etapa en la meditación Mahamudra. "Claridad" o capacidad de reflejar objetos y puede referirse también a su ausencia de forma, lo cual significa que la mente carece de materia física alguna. "Cognición" es su mera función de aprehender, conocer.

La mente carece de forma física pero, a la vez, refleja, aprehende objetos, y lleva a cabo numerosas otras funciones como discernir, recordar, prestar atención, despertar amor, enfado, ira, envidia, compasión y tantas otras.

Meditar en la naturaleza relativa o engañosa de la mente es muy útil para después hacer meditaciones tántricas. Tiene además el beneficio de ayudarnos a reconocer su naturaleza última.

Normalmente estamos tan absortos con los objetos de los sentidos que no nos damos cuenta de la naturaleza y funciones de la mente a pesar de ser el elemento más importante. La actividad física, corporal y la actividad de nuestros sentidos físicos nos hacen caer en el error de creer que somos solo cuerpo, materia que, según el Mahamudra, es una visión distorsionada y alejada de lo que somos en realidad.

Analizar y prestar atención a las características de la mente, que controla nuestros actos de cuerpo y palabra, y que es responsable de nuestra felicidad y malestar, nos ayuda a entender qué es, no solo en su aspecto relativo sino también en el último.

Aunque siempre hablamos de la mente, de lo que sentimos, de lo que pensamos, no resulta fácil identificarla con precisión. Has de empezar preguntándote ¿dónde esta localizada tu mente? Aquí podrías afirmar que 1) impregna todo el cuerpo, 2) que está localizada en el cerebro y 3) incluso en la zona del chakra del corazón.

Cualquier zona del cuerpo que toques a excepción del pelo o las uñas, despierta una sensación evidente, la sensación es un factor mental, en consecuencia a un nivel es correcto decir que la mente impregna todo el cuerpo.

También puedes afirmar que el cerebro es un componente importantísimo para el surgimiento de la mente ya que es la sede de los poderes sensoriales.

Desde el punto de vista del Tantra es correcto afirmar que la mente reside en el chakra del corazón porque la mente indestructible (la mente más sutil) y su aire acompañante residen allí. Y el resto de manifestaciones mentales tienen su origen en dicho nivel de mente.

Analiza estas tres presentaciones y genera una imagen mental de todo ello. Meditando en dicha imagen, cada vez se volverá más clara ya que nuestra concentración difuminará las distracciones permitiendo que las cualidades de la mente sean vistas con nitidez.

Una vez llegas a ese estado trata de no generar pensamiento alguno sobre el futuro ni recordar el pasado, trata únicamente de permanecer en el momento presente, sin expectativas de ningún tipo absorbiendo tu mente en las características de su claridad y capacidad de aprehender.

No obstante, es bueno saber que no es fácil identificar el sentido de "claridad y capacidad de aprehender". Es muy fácil describirlo pero más complejo experimentarlo. Solo vendrá tras repetir muchas veces esa meditación.

"Claridad y cognición" se refiere a que la mente no es un fenómeno material y que, cuando se encuentra con las condiciones apropiadas, permite que se refleje la apariencia del objeto como algo a ser conocido o aprehendido; como un espejo. La claridad se refiere a esa capacidad de reflejar visiones, sabores, gustos, olores, objetos del tacto o sensaciones diversas físicas o mentales, sin obstrucción alguna. Cognición es la mera capacidad de reconocer lo que aparece en el espejo.

Los consejos de los grandes yoguis al respecto son que emplaces tu atención en el chakra del corazón donde reside la mente más sutil o mente residente. Que, a pesar de ser transitoria en el sentido de que cambia constantemente, es estable en el sentido de que continúa de una vida a la otra.

Si tomas la mente como objeto para desarrollar concentración te ayuda 1) a superar distracciones, 2) a comprender la vacuidad, 3) a identificar la mente muy sutil de la que se habla en los textos tántricos.

20. *Córtalos tan pronto como aparezcan.* Uno de los métodos a usar cuando aparece un pensamiento es, simplemente, ser conscientes de él haciendo uso de la vigilancia. Otro método es detenerlo, hacer que cese, regresando una y otra vez al objeto: la claridad y cognición.

21. *Y ahí tienes el estado mental estable.* La excitación, la distracción y el hundimiento son los principales obstáculos que impiden desarrollar concentración. Los dos primeros, básicamente interrumpen la capacidad de permanecer estables sobre el objeto. El tercero interrumpe la claridad así como la intensidad con que se sostiene el objeto.

Dichos obstáculos se pueden manifestar en su forma burda o en su forma sutil. En el caso de la excitación y distracción burdas, se pierde el objeto por completo. Cuando ocurre la manifestación sutil, aún en el caso de estar absorto en el objeto, una parte de la mente está, de modo subterráneo, distraída.

Cuando aparece el hundimiento burdo se pierde el objeto de concentración debido a que la mente carece por completo de claridad, está muy espesa. Pero esto no ocurre como en el caso de la distracción, que se absorbe por completo en alguna distracción externa perdiendo así la atención al objeto, sino debido a la naturaleza del hundimiento.

El hundimiento sutil tiene varios aspectos, el objeto puede aparecer *claramente* pero no hay *lucidez* en la mente, o también puede haber claridad y lucidez pero la mente carece de *intensidad* en el modo de enfocarse en el objeto que puede aparecer claro pero carente de lucidez desde el lado del sujeto. Estos dos obstáculos se debilitan a medida que la atención y la vigilancia mejoran.

Kamalashila dice en sus *Etapas de la Meditación*:

Cuando tu mente no ve el objeto vívidamente –como una persona que nace ciega o que entra en un lugar oscuro, o si tiene los ojos cerrados- entonces reconoce que tu mente ha caído presa del hundimiento.

Lama Tsong Khapa en su *Lam Rim Chenmo* señala que se denomina "hundimiento" porque hay un declive en el modo en que aprehendes el objeto de meditación. Y también porque la mente se interioriza en demasía. Para él, debes superarlos estimulando el modo en que aprehendes el objeto y animar a la mente reflexionando en las cualidades de las Tres Joyas, los beneficios del perfecto renacimiento humano, e incluso traer a la mente una imagen luminosa, como la luz del sol.

Para Lama Tsong Khapa el hundimiento se refiere a que el modo en que la mente aprehende el objeto de meditación es flojo, fofo, y no lo aprehende de un modo claro o firme. Aunque el objeto aparezca con cierta claridad si el modo en que éste se sostiene no tiene la intensidad precisa hay hundimiento.

Lama Tsong Khapa terminada diciendo que no ha visto una clara presentación de la definición del hundimiento en los demás textos clásicos.

La *Liberación en la Palma de tus Manos* señala que el hundimiento burdo ocurre cuando la atención es capaz de mantener la mente estable sobre el objeto de meditación pero la calidad de la claridad está ausente. El hundimiento sutil ocurre cuando se mantienen tanto la estabilidad como la claridad, pero la claridad carece de intensidad porque el modo en que la mente sostiene el objeto se ha vuelto débil.

"Carecer de intensidad" significa que, cuando la mente está estable sobre el objeto de meditación, se relaja demasiado y se queda sin energía. Decir que la claridad de la mente "carece de intensidad" significa que es incapaz de permanecer estable sobre el objeto, de modo firme y claro sobre el objeto de meditación.

Requerimos estabilidad, claridad e intensidad justa en el modo de sostener el objeto. Esta sería la medida de asegurarnos de no caer en el hundimiento.

22. *Y la mente estable y la que se mueve se mezclan.* Una vez estabilizadas la atención y la vigilancia, no es necesario continuar esforzándose en mantener la atención. Debe aflojarse ligeramente y permanecer emplazado de modo más calmado y relajado.

La mente carece de forma; ni tiene una forma específica, ni un color, no se puede tocar ni ser obstruida por nada. En este sentido "una mera ausencia de obstáculo y claridad es vívida" y aparece. La mente es mera claridad y capacidad de conocer. Y esto es lo que aparece vívidamente cuando meditas sobre el nivel engañoso de la mente.

Si cuando aparecen pensamientos en la mente consideras su naturaleza, desaparecen de forma automática. Trata los pensamientos como si se tratara de olas que desaparecen en el océano. Se trata de agua en ambos casos. Los pensamientos aparecen y se desvanecen en la mente misma porque tienen la misma naturaleza. Son también mera claridad y cognición.

La experiencia de los yoguis expertos en el Mahamudra señala que, cuando estás estabilizado en la mera claridad y capacidad de conocer de la mente, llegas a un punto en el que cuando surge un pensamiento desaparece solo observando su naturaleza. Tienes una experiencia de las palabras del texto raíz: "Y la mente estable y la que se mueve se mezclan". Cuando la mente está estable sobre su naturaleza engañosa da lugar a esa mera claridad y cognición, pero cuando se mueve con los pensamientos conceptuales también da lugar a dicha claridad y cognición.

23. *Las nueve etapas mentales.* Los objetos de meditación para lograr la permanencia apacible son variados y cada uno de ellos se adapta a las diversas capacidades de los seres. Si escogemos un objeto con forma hemos de observarlo, después reproducirlo mentalmente y contemplar esta reproducción con la consciencia mental, este sería el caso de contemplar una Deidad. Cuando la atención mantiene el objeto con la firmeza o intensidad justa, sin olvidarlo, se convierte en el antídoto para el hundimiento y la excitación; mantener el objeto con la intensidad correcta supera el hundimiento y no olvidarlo corta la excitación. Estas instrucciones deberíamos guardarlas siempre en el corazón.

Si alguien desea generar la permanencia apacible utilizando como objeto la mente, debe seguir las instrucciones del Mahamudra y basarse en el texto de Panchen Losang Choky Gyaltsen. Una vez escogido el objeto hemos de trabajar para atravesar las nueve etapas con la ayuda de los seis poderes que a su vez se apoyan en los cuatro empeños mentales.

Las nueve etapas son: 1) emplazar la mente, 2) emplazamiento continuado, 3) volver a emplazar, 4) emplazamiento cercano, 5) controlar, 6) pacificar, 7) pacificación completa, 8) emplazamiento en un punto, 9) emplazamiento en equilibrio.

Los seis poderes son: 1) escuchar, 2) contemplar, 3) atención, 4) vigilancia, 5) esfuerzo, 6) familiaridad completa.

Y los cuatro empeños mentales: 1) atención firme, 2) atención interrumpida, 3) atención ininterrumpida y 4) atención espontánea.

Estas nueve etapas, seis poderes y cuatro empeños se van a explicar brevemente a continuación.

1) *Emplazar la mente.* En esta etapa apenas podemos
mantener el objeto de meditación durante breves
instantes, por ello, hemos de aplicar atención una
y otra vez hasta eliminar las diversas distracciones y
conseguirlo. Algunos principiantes se sorprenden al ver
los muchos pensamientos que surgen en la mente en
esta etapa. Ello no significa que fuera de la meditación
no haya distracciones, sino que ahora, al observar
nuestro interior, nos damos cuenta, quizá por vez
primera, del descontrol de nuestra actividad mental.
Este primer paso lo obtenemos gracias al *poder de
escuchar.*

2) *Emplazamiento continuado.* En esta etapa las
concepciones molestas aparecen y desaparecen.
Llegamos a ella si conseguimos mantener el objeto
durante el tiempo que dura la recitación de un rosario
del mantra *om mani padme hum.* La concentración
en las dos primeras etapas no es auténtica ya que
predominan más las distracciones. Por ello utilizamos
el primero de los cuatro empeños, *la atención firme.*
Para poder enfocarnos sobre el objeto necesitamos
mucha insistencia. En esta etapa aplicamos el *poder de
contemplar.*

3) *Volver a emplazar.* Ejercitándonos constantemente
en la etapa anterior llegamos a la tercera etapa en
la que nuestra atención hace que la mente regrese
de inmediato al objeto cuando lo ha perdido. Ya
no hay tantas distracciones como en las dos etapas
precedentes. La atención se da cuenta de que hemos
perdido el objeto de meditación y hace que la mente
regrese de nuevo sobre el mismo.

4) *Emplazamiento cercano.* En esta fase la atención se desarrolla por completo, pero es cuando aparecen el hundimiento y la excitación burdos. Las etapas tercera y cuarta se experimentan mediante el *poder de la atención.* Para acabar con el hundimiento y la excitación debes aplicar un antídoto fuerte para ambos. El poder de la atención hace que tu mente se estabilice sobre el objeto y ello puede provocar el hundimiento. Por otro lado, el hecho de que tu mente obtenga claridad sobre el objeto, puede causar excitación. Por ello cuando la mente se estabiliza, cuida de que no surja el hundimiento y, cuando hay claridad, controla la excitación. Sin embargo, en una buena meditación debe haber estabilidad y claridad, el arte está en mantener estas dos cualidades sin que aparezcan los obstáculos.

5) *Controlar.* El resultado de aplicar intensamente la atención es que la mente se vuelca hacia dentro y puede aparecer el hundimiento sutil. Para levantar de nuevo la mente contemplemos las excelentes cualidades de la concentración. Debemos usar la vigilancia para no caer presa de este obstáculo. La diferencia fundamental entre la cuarta y la quinta etapa es que, hasta llegar a la anterior surgían el hundimiento y la excitación mental burdos, mientras que ahora ya no aparecen tanto.

6) *Pacificar.* Aquí es difícil que aparezca la excitación burda o el hundimiento de cualquier clase, pero debido a que previamente hemos aplicado el remedio al hundimiento mental, corremos el riesgo de una aplicación indebida y caer presa de la excitación sutil. Por ello, hemos de aplicar una vigilancia poderosa y

observar si este obstáculo surge o no. Las etapas quinta y sexta se experimentan por el poder de la vigilancia, completándose el *poder de la vigilancia* en la sexta etapa.

7) *Pacificación completa*. Durante la séptima etapa, el poder de la atención y la vigilancia se han desarrollado al máximo y es muy difícil que surjan el hundimiento o la excitación, no obstante, todavía hay posibilidades de que surjan en su modalidad sutil. El practicante aún no ha superado del todo estos dos obstáculos, pero no debe preocuparse en demasía si surgen, pueden ser eliminados por el *poder del esfuerzo*. De la primera hasta la séptima etapa, hemos tenido que aplicar la *atención interrumpida* porque, aunque podamos sostener el objeto durante un cierto período de tiempo, la concentración es aún interrumpida por la excitación y el hundimiento.

8) *Emplazamiento en un punto*. Se ha superado por completo el hundimiento o la excitación, podemos mantener la mente sobre el objeto sin interferencias y ya no es necesaria la vigilancia. Con poco esfuerzo uno puede morar en concentración durante largos períodos de tiempo. Aplicamos la *atención ininterrumpida*. La etapa séptima y octava se experimentan gracias al *poder del esfuerzo*.

9) *Emplazamiento en equilibrio*. Aquí la mente permanece sobre el objeto sin esfuerzo, se obtiene una concentración similar a la permanencia apacible y puede experimentarse gracias al *poder de la familiaridad*.

24. *Abandonar las cinco faltas en dependencia de los ocho antídotos.* Para generar Permanencia Apacible es preciso apoyarse en textos auténticos, de otro modo correrías el grave peligro de confundir el hundimiento mental sutil con la concentración. Es bueno conocer, en primer lugar las cinco faltas y los ocho oponentes. Las cinco faltas son:

Pereza.
Olvidar las instrucciones.
Hundimiento y excitación.
No usar el antídoto.
Usar indebidamente el antídoto.

Los ocho antídotos se enumeran a continuación para posteriormente dar una breve explicación de todos ellos.

La fe.
La aspiración.
El esfuerzo.
La flexibilidad.
La atención.
La vigilancia.
La aplicación.
La no aplicación.

La pereza. Es la peor de las faltas. Es un factor mental que nos induce a no desear entrar en la práctica. De los ocho poderes oponentes, cuatro van dirigidos a eliminarla, son: la fe, la aspiración, el esfuerzo y la flexibilidad.

El antídoto directo a la pereza es el *esfuerzo*, pero a éste lo suscita la *aspiración* que, como un recipiente, contiene en sí misma al esfuerzo. La aspiración surge de la *fe*. La fe es, entonces, la causa de la aspiración. El resultado de poner esfuerzo en la permanencia apacible es que se desarrolla una *flexibilidad mental* especial que acaba directamente con la pereza. El esfuerzo y esa flexibilidad son los oponentes más contundentes contra la pereza, pero puesto que ahora mismo no los tenemos, es muy importante tener fe en el poder de la concentración.

Olvidar las instrucciones. Cuando surge el olvido, recurrimos a la atención. Nuestra mente es como un elefante desbocado y para dominarla necesitamos los mismos instrumentos de que se valdría un domador. La atención vendría a ser como la cuerda que mantiene al elefante amarrado. La estaca clavada en el suelo sería el objeto en el que meditar, y la vigilancia el cayado punzante con el que guiaríamos al elefante, nuestra mente, hacia la dirección deseada. Primero se estabiliza la mente sobre el objeto para generar claridad sobre el mismo. La atención debe tener tres características: familiaridad con el objeto, recordarlo firmemente, y eliminar y prevenir distracciones.

Hundimiento y excitación. Una vez la mente se enfoca sobre el objeto con atención, pueden aparecer los obstáculos del hundimiento y la excitación. Para generar Permanencia Apacible necesitamos fijar la mente en el objeto, por ello, si caemos en el olvido, contrarrestamos con la atención. Para empezar escogemos un objeto material, -pero también podemos elegir temas como la muerte, la renuncia, el amor, etc.-, lo observamos detenidamente y luego generamos una imagen mental del mismo. Esta imagen mental, y no lo que vemos con la consciencia visual, es el objeto de nuestra concentración. A partir de ahora mantenemos la mente fija sobre él, firmemente y sin distracciones. Al principio resulta difícil, por ello, es necesario poner mucho esfuerzo para evitar que la mente se distraiga.

El hundimiento mental no es tener la mente pesada o adormecida, más bien sucede que ésta hace surgir el hundimiento. La mente pesada nos produce un sopor físico y mental que causa el percibir el objeto de forma oscura. El hundimiento mental puede ser burdo o sutil. En el primer caso, la mente se estabiliza sobre el objeto pero no hay claridad y, en el segundo, hay claridad y estabilidad pero no intensidad, la intensidad de la concentración decrece.

El hundimiento mental sutil es peligroso, porque, dadas sus características, a menudo se confunde con la concentración perfecta. Mientras no se identifique esta forma de hundimiento como tal uno no llegará al estado de Permanencia Apacible.

La excitación es distinta del vagabundeo mental o distracción, que tiene lugar cuando la mente deja el objeto impulsada por pensamientos diversos. La excitación tiene cuatro características: 1) Surge en dependencia de una mente que se engancha a un objeto agradable, 2) es parte del apego, 3) altera la mente y 4) su función es obstaculizar el desarrollo de la Permanencia Apacible. Cuando surge, suele durar bastante tiempo ya que cuando nos sentimos atraídos hacia un objeto agradable, permanecemos sobre él.

La excitación es de dos tipos, burda y sutil. La primera se da cuando pierdes el objeto, como si lo hubieses olvidado. Y la segunda, cuando casi la totalidad de la mente mantiene el objeto, pero una pequeña parte se va hacia un objeto de apego.

Para combatir ambos obstáculos aplicamos la alerta o vigilancia, que no actúa exactamente como un antídoto sino más bien como lo haría un espía en el campo de batalla, observando al enemigo. No obstante, debe aplicarse sólo en los momentos adecuados, de otro modo corremos el riesgo de tener obstáculos o perder la concentración. La vigilancia es una forma de sabiduría encargada de juzgar nuestro estado mental. La excitación está causada por un excesivo deleite mental. Para combatirla meditamos en la impermanencia, la muerte o el sufrimiento. Una técnica específica sería concentrarnos en el proceso de respiración y contar hasta veintiuno. Si llegáramos hasta este número sin distracciones, sería señal de que estamos en la primera etapa mental. Si no conseguimos nada dejamos la sesión y nos relajamos. Es mejor hacer sesiones cortas y no ser demasiado insistentes, debemos parar aún cuando desearíamos seguir. La mente ha de estar siempre fresca al abandonar la sesión, no hay que llegar al agotamiento.

El hundimiento mental se produce cuando la mente está espesa o es víctima del desánimo. El antídoto es cualquier cosa que levante nuestra moral, como meditar en el perfecto renacimiento humano, las cualidades de las Tres Joyas, o en los beneficios de una mente concentrada. Una técnica específica para hacer frente al hundimiento es visualizar nuestra mente bajo el aspecto de una bola de luz blanca que sale disparada desde el corazón hacia la coronilla por donde sale al exterior. Acompañamos la visualización gritando la sílaba *phe* y nos sentimos fundidos con la inmensidad del espacio. Este método corta el hundimiento mental de manera violenta. Si aún así no podemos acabar con el hundimiento, se interrumpe la sesión y se camina por un lugar elevado, se toma un poco el aire o nos refrescamos la cara. Para contrarrestar el hundimiento sutil hemos de reforzar la intensidad o firmeza con que sostenemos el objeto de meditación.

No usar el antídoto. El antídoto a la no aplicación a los problemas mencionados en la sección previa, es aplicar la medicina apropiada.

Usar indebidamente el antídoto. El antídoto a la aplicación indebida es dejar de aplicar antídoto alguno cuando no es necesario.

25. *Los seis poderes y las cuatro atenciones.* En la primera etapa identificamos concepciones molestas, en la segunda comprendemos que estas concepciones cesan temporal-

mente, en la tercera vemos lo pesadas que resultan estas concepciones, en la cuarta ya no perdemos el objeto, en la quinta ya no surge el hundimiento mental burdo, en la sexta se supera prácticamente el hundimiento y la excitación sutiles, y en la séptima ya no es necesario usar la vigilancia para ver si los obstáculos surgen o no, en la octava ya no queda rastro de hundimiento ni de excitación, y en la novena nos emplazamos sobre el objeto sin esfuerzo.

La primera etapa se alcanza por medio del poder de escuchar, la segunda por el poder de contemplar, la tercera y cuarta por el poder de la atención, la quinta y sexta por el de la vigilancia, la séptima y octava por medio del esfuerzo y la novena por medio de la familiaridad.

El poder de escuchar consiste en escuchar las instrucciones de la Permanencia Apacible de un Maestro cualificado. El poder de contemplar consiste en dirigir la mente a su objeto de meditación de manera repetida analizando y pensando en sus características. El poder de la atención es regresar al objeto de meditación una y otra vez. El poder de la vigilancia consiste en detectar la aparición del hundimiento y la excitación. El poder del esfuerzo te capacita para superar el hundimiento y la excitación sutiles. El poder de la familiaridad surge tras haberse concentrado repetidamente en un objeto.

Para desarrollarse a través de estas nueve etapas, es necesario el uso de los cuatro empeños o tipos de atención. En la primera y segunda etapas teníamos más distracciones y menos concentración, por ello nos hacía falta el primer empeño, denominado atención firme.

Desde la tercera etapa hasta la séptima, ambas inclusive, la atención firme ya no es necesaria puesto que predomina la concentración sobre las distracciones, aquí necesitamos la atención interrumpida. La llamamos interrumpida porque, al fijar nuestra mente sobre el objeto, aparecen el hundimiento y la excitación. Esto causa que con frecuencia tengamos que llevar nuestra mente desde la distracción hasta el objeto de meditación, es decir, la concentración no es constante. En la octava etapa, al principio nos hace falta un poco de esfuerzo, pero gradualmente la concentración fluye con suavidad. Ahora aplicamos la atención ininterrumpida. En la novena etapa, uno deja la mente sobre el objeto sin esfuerzo; la atención aquí es espontánea.

26. *Aprehendida como "esto".* La naturaleza relativa o engañosa de la mente -su carencia de forma y su capacidad de reflejar y aprehender objetos- no es algo que pueda ser conocido de un modo intelectual sino más bien mediante la experiencia personal: enfocándose una y otra vez en la mente como objeto y con estas características. Puesto que no es fácil el texto dice: Pero no puede ser verbalmente indicada o aprehendida como "esto".

27. *La naturaleza relativa de la mente.* La naturaleza relativa o engañosa de la mente es su carencia de forma y su capacidad para aprehender o reflejar objetos, pero detrás de ella se esconde algo más, su realidad última, que es el hecho de que este fenómeno que es mera claridad y cognición, está vacío de cualquier esencia sustancial o intrínseca.

28. *Uno debería establecerla por medio de escuchar, contemplar y meditar.* En primer lugar es importante escuchar repetidamente enseñanzas del vacío de un Maestro cualificado para despertar la sabiduría que surge de escuchar. Seguidamente, contemplas y analizas lo escuchado para despertar la sabiduría que surge de contemplar. Y finalmente meditas en lo contemplado.

Las dos primeras fases nos ayudan a tener una comprensión conceptual del vacío, es decir, lo comprendes gracias a una imagen conceptual, técnicamente denominada "inferencia". La tercera te permite atravesar la imagen conceptual mediante tu poder de concentración y experimentar de modo directo lo que indicaba: el vacío.

29. *El sentido de "yo" puede ser de tres clases.* Es importante discernir con claridad entre el yo meramente imputado por la concepción, el cual existe, y el yo que existe de modo inherente que concibe la mente ignorante que se aferra a lo intrínseco. Este último no existe en absoluto, en consecuencia es el objeto de negación. Y lo que pretendemos es que dicho yo inexistente, al que nos venimos aferrando desde tiempo sin principio, aparezca claramente para después poder ver su carencia de existencia total. Así se entra en el vacío: la mera ausencia de ese yo intrínseco que creíamos existente.

A este propósito la *Liberación en la Palma de tus Manos* señala:

> En general hay tres diferentes modos de percibir el yo. Los que han conseguido una experiencia del vacío saben que el yo no existe intrínsecamente y en consecuencia lo consideran como algo que es meramente imputado por una mente conceptual y con respecto a sus bases de imputación (los cinco agregados).
>
> Las personas ordinarias que no han sido influenciados por visiones filosóficas pueden aferrarse al yo de dos modos. Uno es indefinido, es decir, no considera el yo como poseyendo ni careciendo de una esencia real. Un segundo modo de percibir el yo, no obstante, sostiene que sí posee una esencia real, inherente.
>
> De estos tres, el segundo es la cognición válida o correcta que establece la validez del término "yo". El yo sin especificar que es el objeto de esta mente *sí* existe de un modo relativo, es el sujeto que lleva a cabo actos y el que experimenta resultados. El tercer modo de aprehender el yo es la creencia errónea que debe ser eliminada mediante el antídoto adecuado. Un yo que existe del modo en que es percibido por esta mente es lo que debe ser refutado mediante razonamientos correctos.

Parte del modo en que el yo aparece a nuestra visión errónea innata también está presente en la mente que establece la existencia válida relativa del yo. No obstante, cuando el yo aparece a ésta última aparece con otras entidades y en consecuencia no aparece con la misma claridad y distinción que lo hace la visión errónea innata del yo.

Es importante reconocer que el yo aparece a la mente de estas dos maneras. Es decir, en una el yo aparece como una entidad autosuficiente con una esencia real inherente y en la otra no es reconocido como teniendo cualquier modo de existencia particular.

Aunque la creencia innata en un yo inherente y real está constantemente presente en nuestra mente – incluso mientras soñamos- en la mayor parte de situaciones ordinarias no podemos observar claramente cómo este yo aparece a esta mente. No obstante, en ciertas ocasiones, como cuando alguien nos alaba o nos insulta, algo nos hace muy feliz o experimentamos una gran desgracia, el modo en que aparece el yo a esta creencia errónea *sí* se vuelve evidente.

Un modo de meditar en la naturaleza última de la mente es inspeccionar la naturaleza de la persona -el yo que medita-, mientras estás absorto en la naturaleza relativa de la mente. Siempre que observas un objeto éste aparece como algo que podrías señalar como algo intrínseco. Y esto se aplica al yo, la persona que medita también.

Es cierto que, a nivel relativo o engañoso, es posible distinguir entre el yo y el cuerpo y la mente que dicho yo cree controlar. No obstante, por culpa de la ignorancia, el yo parece existir de su lado, de modo inherente, como si éste pudiese tener un referente al que se pueda señalar y que exista de modo sólido y concreto. Este juego entre el yo válido y el falso es el que trata de discernir el estudio del vacío.

30. *El conjunto de estos seis elementos.* Los seis consti-

tuyentes o elementos se refieren al poder sensorial visual, auditivo, gustativo, olfativo, del tacto y el de la mente. Los cinco agregados son la forma, la sensación, el discernimiento, los factores composicionales y la consciencia. Constituyen la base de imputación de la persona, del yo.

31. *Es lo que puede ser etiquetado sobre el conjunto de sus partes.* Estas partes mencionadas son la base de imputación del yo. Pero si empiezas a preguntarte si el yo es cualquiera de ellas, no podrás identificar dicho yo. A un nivel relativo podrías decir que las distintas partes es el lugar donde existiría el yo en el cuerpo y la mente. Pero ninguna de ellas es el yo, y por mucho que busques no lo encontrarás en absoluto, ni entre sus partes ni en el conjunto de todas ellas.

Tampoco lo encontrarás entre las distintas partes de la mente ni en su conjunto. Ni tampoco como una entidad totalmente separada de estos dos. No obstante, esto no significa que no exista un yo, porque existe: un yo que ayuda, que perjudica, que acumula karma y que experimenta sus resultados. Nadie puede negarlo, ni tan siquiera las enseñanzas del Mahamudra. Estas solo afirman que no existe un yo *inherente, intrínseco, que exista de su lado, por definición, de modo esencial o sustancial.*

El yo que existe es, simplemente, el que puede ser etiquetado sobre la base de un conjunto de partes apropiadas. Y esas partes mismas tampoco existen de modo inherente porque dependen también de un conjunto de partes apropiadas. En consecuencia carecen los dos de existencia intrínseca o esencia sustancial alguna.

32. *La concentración parecida al espacio.* Una vez has investigado y tratado de encontrar un yo con un carácter intrínseco, que exista desde el lado del objeto, de modo independiente, te das cuenta de que no existe de ese modo ya que todo existe en dependencia de la etiquetación que

proyecta nuestra mente. Después procuras que tu mente se emplace como una estaca atravesando esta mera ausencia, sin afirmar ninguna otra cosa en su lugar.

El objeto de enfoque cuando se medita en el vacío es una negación no afirmativa, *niegas* el modo falso en que siempre has supuesto que existía tu yo, tu mente y cualquier otro fenómeno, y no afirmas nada más en su lugar.

Si piensas "yo estoy meditando en la vacuidad", ya no estás en el punto preciso. Cuando estás absorto en ella solo tienes la percepción de una mera ausencia de lo que debías refutar: cualquier tipo de existencia intrínseca o esencia sustancial.

En este sentido la vacuidad es como el espacio no obstructor, el que ocupa un objeto físico que hace que mientras esté presente, nada más puede ocupar su lugar. La diferencia es que el objeto que niega la existencia intrínseca es un fenómeno *no existente* mientras que el objeto que niega el espacio, una obstrucción espacial, *sí existe*.

33. *Tu consciencia se sumerge en ello con una concentración unipuntualizada*. Ten en cuenta una cosa: cuando te levantas de la meditación en la vacuidad, los fenómenos seguirán apareciendo igual que siempre pero, cada vez tendrás más claro que el modo en que aparecen no es el modo en que éstos existen. Los fenómenos son una mera relación dependiente.

Hay tres niveles de relación dependiente que van de burdo a sutil: todos los fenómenos del samsara, por ejemplo, surgen en dependencia de la ignorancia y para ello solo hay que observar la rueda de los doce vínculos de relación dependiente. Después, todos los fenómenos funcionales, cambiantes y los estáticos o no cambiantes, dependen de causas y condiciones los primeros, y de partes los últimos. Por último la visión prasangika madhyamika sostiene el nivel más refinado de relación dependiente donde, tanto samsara como Nirvana, surgen en dependencia de la mera etiquetación que proyecta la mente en base a su karma.

Una vez estás bien enraizado en la vacuidad no caes en ninguno de los dos abismos o extremos: el nihilismo y el eternalismo. Absorberse en la esfera de la vacuidad te evita caer en el eternalismo, *creer que las cosas existen como aparecen.* Y cuando entiendes que los objetos sobre los que afirmas su ausencia de existencia intrínseca, surgen y existen como lo que son pero solo de un modo dependiente, gracias a la mera etiqueta proyectada por tu mente debido a tu karma, comprendes la relación dependiente, lo que te impide caer en el abismo del nihilismo, de *pensar que si las cosas no existen como las ves significa que no existen en absoluto.*

Nuestra idea habitual es la siguiente: puesto que las cosas aparecen ante nuestras consciencias creemos que *no* pueden carecer de existencia intrínseca, es decir, existen como aparecen. Y si las cosas estuvieran desprovistas de dicha existencia intrínseca, si no existieran como aparecen, *no* podrían existir o llevar a cabo sus funciones. Pero estas ideas son precisamente lo contrario a cómo existen las cosas.

Cuando entiendes esto correctamente, el fuerte impacto en la absorción en la vacuidad provoca que, al entrar en contacto con la realidad, despiertes la fuerte convicción en la plausibilidad de que todo es funcional de modo correcto. Y el hecho de que aparezcan fenómenos en nuestra mente, que nacen, crecen, desaparecen, etc. te ayuda a ver su vacuidad, y por esto Sangye Yeshe dice, *Ema Ho, ¡qué asombroso!*

Debido a que las cosas están desprovistas de existencia intrínseca, *pueden* aparecer en la mente cosas distintas gracias a circunstancias que surgen en dependencia de factores que no son ellas mismas. En definitiva, todas ellas son etiquetadas por la mente que proyecta gracias a su karma. Esto nos ayuda a entender la existencia y la identidad de las cosas gracias a causas y condiciones. Y esta comprensión sobre cómo existen las cosas invoca una comprensión de la ausencia de existencia intrínseca, por su lado, por definición. En definitiva, *la apariencia de las cosas no impide que las cosas sean vacías y la vacuidad no impide que las cosas puedan aparecer válidamente.*

34. *Así ocurre con todas las cosas.* En su *Estudio de la Mente*, Gueshe Tashi dice acerca de la generalidad del significado:

La *generalidad del significado* es otro término para expresar la imagen genérica que crea la mente. La mente conceptual funciona a través de la imagen y del lenguaje. Ahora nos vamos a concentrar en la imagen mental que aparece en lugar de la percepción. Como ya hemos visto, la mente conceptual crea la imagen a través de la negación, eliminando sistemáticamente todo lo que no sea su objeto. Por tanto, si te pidiera que imaginaras una manzana, la imagen que aparece en tu mente es todo lo que no es una no manzana. Independientemente de lo específica que podría parecer esa imagen, no es el verdadero objeto, sino que es la generalidad del significado. Supongamos que ambos nos hubiéramos encontrado con Su Santidad el Dalai Lama en Dharamsala en 1995 y yo te recordara que él te estrechó la mano —una experiencia singular y extraordinaria que no es probable que puedas olvidar. Esa imagen puede haber quedado intensamente grabada en tu pensamiento, pero seguirá siendo una generalidad del significado, una falsificación del verdadero acontecimiento. De hecho, ni siquiera recordamos los acontecimientos reales en su mayor parte, sino que recordamos nuestras generalidades del significado previas.

35. *De que la forma y demás son establecidos debido a que aparecen ante una consciencia no engañosa.* La madhyamika svatantrika no acepta que los objetos sean *meramente* imputados por la mente. Para esta escuela, aunque es cierto que los fenómenos existen en dependencia de que sean imputados por la mente, a la vez *también* existen de su propio lado, de un modo verdadero. En consecuencia, aceptan la existencia

de cierto grado de existencia inherente o sustancial. Creen que si los fenómenos no existieran de su propio lado, si solo fuesen meras imputaciones de la mente, no existirían. En consecuencia, para ellos los fenómenos no existen totalmente de su propio lado pero tampoco existen totalmente desde el lado de la mente, como mera imputación.

Para esta escuela hay dos elementos que contribuyen al modo en que las cosas existen a nivel relativo o engañoso: 1) el modo objetivo de subsistencia o carácter del objeto y 2) la apariencia del objeto a una consciencia conceptual o no conceptual que no sea defectuosa. Para ellos, sin su propio estatus objetivo, un fenómeno nunca aparecería a una consciencia no defectuosa.

Para esta escuela la ignorancia es una consciencia conceptual que aprehende su objeto como existiendo exclusivamente de su propio lado, sin depender de que aparezca a una consciencia no defectuosa. En los textos de principios filosóficos, un proponente de esta escuela es alguien que rechaza la existencia verdadera (evitando así el extremo de la permanencia o eternalismo) pero sostiene que todos los fenómenos existen inherentemente en un sentido convencional o engañoso (evitando así el extremo del nihilismo).

Un prasangika en cambio niega que el fenómeno exista inherentemente incluso de modo engañoso o relativo (evitando el primer extremo) pero acepta la mera existencia convencional de los fenómenos (evitando así el nihilismo)

La posición de la escuela svatantrika sostiene que no es adecuado refutar y negar la existencia de lo que aparece a la mente, que lo que la lógica debe refutar debe ser algo más burdo que la apariencia en la mente. Para ellos si rechazásemos esto caeríamos en el nihilismo.

No obstante, el Primer Panchen Lama recuerda que cualquier cosa que aparezca a la mente de un ser ordinario no es nada más que una apariencia de existencia inherente, lo cual es el objeto a refutar. Las percepciones de los seres ordinarios están impregnadas por esta ignorancia que se aferra a la existencia intrínseca.

A este respecto Gueshe Tashi en su *Nada es lo que Parece* señala:

Los Maestros svatantrika, como Bhavaviveka y Kamalashila, afirman que los percibidores válidos directos, como la consciencia visual que directamente capta un objeto, están libres por completo de cualquier elemento erróneo. Podría haber percibidores directos equivocados, como cuando vemos dos lunas al torcer la vista, pero aparte de esos percibidores directos que están alterados por causas y condiciones inmediatas, todos los demás percibidores directos son *válidos e inequívocos*. En la prasangika no están de acuerdo con esto; afirman que en seres que no están iluminados, no importa lo válidas o acertadas que sean las percepciones con respecto al objeto, éstas están afectadas por la apariencia enraizada de la naturaleza inherente o intrínseca de las cosas y acontecimientos. La única excepción es la percepción directa del vacío por alguien que esté en equilibrio meditativo. Ésta es una diferencia vital que existe entre las dos subescuelas.

Maestros como Bhavaviveka afirman que aunque todas las cosas y acontecimientos estén vacías de existencia verdadera, tienen su propia naturaleza constituida, una naturaleza intrínseca, inherente o esencial. La distinción entre *existir de manera inherente* y *existir verdaderamente* es una distinción muy sutil.

Básicamente la línea svatantrika consiste en que un fenómeno no existe verdaderamente ya que depende de causas y condiciones para existir, y aun así hay alguna cualidad en él que es única e inherente. De forma incorrecta percibimos una silla como algo sin causa —una silla que existe verdaderamente— mientras que no es más que la base designada que nosotros etiquetamos como "silla." No obstante hay una base inherente y una etiqueta inherente. La prasangika rechaza esto, diciendo incluso que este grado de existencia inherente es falso.

Para la svatantrika, mi consciencia visual que percibe un libro es inequívoca en todos los sentidos. El libro tiene su propia naturaleza inherente establecida; mi consciencia visual lo percibe con esa naturaleza inherente establecida, y por eso no da lugar a dudas, simplemente porque esa es la manera de existir de las cosas y acontecimientos.

Desde el punto de vista de los Maestros prasangika, como Chandrakirti, las cosas no sólo carecen de existencia verdadera, sino que además no tienen una naturaleza inherente o esencial establecida en sí mismas. Así que la percepción de tal naturaleza inherente en los objetos es el error de los conocedores válidos directos. Un objeto aparece como que tiene una naturaleza verdadera e inherente ante la consciencia conceptual y ante los percibidores directos. No importa que el percibidor directo sea totalmente válido, seguirá existiendo el elemento equívoco del objeto ya que aparece como si tuviera existencia inherente. Mi consciencia visual percibiendo un libro es válida y correcta, pero en ese proceso hay un elemento donde el libro aparece ante mi consciencia visual como poseedor de una naturaleza de libro verdadera e inherente. Ahí está el error.

36. *Logras el nivel "cálido" del sendero de preparación.* El "cálido" se refiere a la primera de las cuatro etapas del sendero de preparación por las que atraviesa el yogui en su camino a la experiencia directa del vacío, el sendero de la visión. El lector puede referirse a *Ecos del Silencio Infinito*, publicado por Ediciones Amara.

37. *Los cuatro yogas.* La primera de las cuatro etapas se refiere a las prácticas de Permanencia Apacible según los dos primeros senderos, el de acumulación y el de preparación. La segunda se refiere a la etapa libre de elaboración, conocida

como el sendero de la visión, donde experimentas la vacuidad de modo directo y no conceptual. La tercera se refiere al estado del mismo sabor de la mente y las apariencias. Para algunos autores se corresponden con la experiencia del vacío desde el segundo hasta el séptimo nivel (skt: bhumis). Y la última es cuando se medita sin ni siquiera signos de existencia intrínseca y se correspondería con los últimos tres niveles.

Glosario

ESTABILIDAD MEDITATIVA. (skt. Samadhana): Establecer la mente en equilibrio sobre la vacuidad de todos los fenómenos, sin importar el que sea y sin ninguna diferencia.

LOGRO SUBSIGUIENTE. (skt. Anuprhapta): Un periodo subsiguiente a la estabilidad meditativa en el que pueden ser hechas muchas actividades.

VENCEDOR, CONQUISTADOR. (skt. Jina): Aquel que ha vencido sobre los dos oscurecimientos.

BUDA PERFECTAMENTE COMPLETO: Un ser iluminado que está completamente desarrollado al seguir senderos correctos.

DEIDAD TUTELAR. (tib. Yidam): Una deidad que uno sigue y por la que uno siente confianza.

ESTADO DE UNIÓN: La unión del cuerpo ilusorio puro y la luz clara significativa.

SOLO NOMBRE: No ser otra cosa más que un nombre.

MERO NOMBRE: Ser solo un nombre.

MERA IMPUTACIÓN: Ser únicamente una etiqueta.

INICIACIÓN. (tib. Wang): Una ceremonia ritual en la que un Maestro (tib, Lama) confiere las cuatro clases de iniciaciones, la del vaso etc. en la que se te faculta para meditar en el estado de generación y demás. Es también la puerta de entrada al tantra.

PERMISO SUBSIGUIENTE. (tib. Je Nang): Una ceremonia ritual celebrada tras la iniciación de una gran deidad del yoga tantra más elevado en la que un Maestro da permiso a sus discípulos para meditar en otras deidades de rango más inferior y demás.

VACUIDAD TOTAL: Vacío total como el espacio.

VACÍO: Ausencia de algo.

SUSTANCIALMENTE EXISTENTE: Lo que es calificado por no necesitar otra base para aparecer como un objeto a una mente.

IMPUTADAMENTE: Lo que necesita otra base para aparecer.

COMPROMISO. (tib. Samaya): Palabras de compromiso.

AFERRAMIENTO AL YO ESENCIAL, SUSTANCIAL: Concepto que se aferra a un yo verdaderamente o intrínsecamente existente.

SALVADOR: Quien te salva de un peligro.

PROTECTOR: Aquel que te protege de los obstáculos y dificultades.

GRAN SELLO: (tib. Mahamudra) Una sublime visión de la vacuidad en el Estado de Unión, libre de ser un objeto samsárico.

GRAN CONSUMACIÓN (tib. Mahasampanna): Una etapa en las que todas las perfecciones son completadas.

CONCENTRACIÓN MEDITATIVA. (tib. Samadhi): Una realización de shamata o permanencia apacible capaz de permanecer unipuntualizadamente sobre un objeto de meditación.

SABIDURÍA SUBLIME: Una sabiduría incluida en el camino.

SABIDURÍA (skt. Prajña): Una sabiduría que puede discernir lo que es correcto e incorrecto.

MENTE PRIMORDIAL: Un nivel sutil de la mente que existe desde tiempo sin principio.

www.ingramcontent.com/pod-product-compliance
Lightning Source LLC
Chambersburg PA
CBHW022140150726
47992CB00002B/691